融合新闻传播实务研究

解岩　郑丹◎著

中国建材工业出版社
北　京

图书在版编目（CIP）数据

融合新闻传播实务研究/解岩，郑丹著. --北京：中国建材工业出版社，2024.12
ISBN 978-7-5160-3860-4

Ⅰ.①融… Ⅱ.①解… ②郑… Ⅲ.①新闻学—传播学—研究 Ⅳ.①G210

中国国家版本馆 CIP 数据核字(2023)第 209371 号

内 容 简 介

近年来，随着数字化技术、信息技术的飞速发展，以互联网为代表的新媒体从诞生到逐步发展壮大，深刻改变了原有的新闻传播方式，系统重塑了新的媒介生态和传播格局，媒介融合已经成为媒体发展的新趋势。在这一变局中，新闻传播也正应势而动，从各个方面都在发生巨变。本书从新闻传播的理论基础介绍入手，针对媒介融合趋势下的新闻传播、融合新闻传播的媒介以及融合新闻传播的受众进行了分析研究；另外对融合新闻传播的业务、融合新闻传播的团队及创作做了一定的介绍；还对融合新闻传播的技术应用做了简要分析，旨在摸索出一条适合融合新闻传播工作创新的道路，帮助相关领域工作人员在应用中少走弯路，运用科学方法提高效率。

融合新闻传播实务研究
RONGHE XINWEN CHUANBO SHIWU YANJIU
解岩　郑丹　著

出版发行：中国建材工业出版社
地　　址：北京市西城区白纸坊东街2号院6号楼
邮政编码：100054
经　　销：全国各地新华书店
印　　刷：北京四海锦诚印刷技术有限公司
开　　本：787mm×1092mm　1/16
印　　张：7.5
字　　数：140 千字
版　　次：2025 年 3 月第 1 版
印　　次：2025 年 3 月第 1 次
定　　价：88.00 元

本社网址：www.jskjcbs.com，微信公众号：zgjskjcbs

前　言

当前，媒体融合的浪潮席卷全球，全球媒体生态正在发生着巨大的改变。探究媒体融合爆发的原因，可以从经济的无边界浪潮对产业结构的解构与重构、技术力量对于媒体融合的现实推进、以终端融合为特征的泛传媒产业生态系统逐渐成形等因素进行考量。

在媒体融合的大语境下，新闻的生产与传播开始出现一些新的特质，如传统媒体看重的是新闻作品，注重收视收听率，记者、编辑更多强调的是采访的视野与文本的质量，新闻单位的运作模式是典型的部门驱动模式。在当前的移动互联网环境下，不少新闻机构更加看重的是信息产品，注重的是信息的到达与分享，更加强调项目负责人或产品经理人的内容创意、运营与传播能力，新闻单位的运作模式则显现为用户驱动模式。对传播内容、传播语境、传播对象、传播工具以及传播生态的不同理解会导致新闻生产与传播呈现不同的面貌，但唯有符合互联网思维、与文化生态相吻合的新闻生产与传播才能走得更加长远。

近年来，随着数字化技术、信息技术的飞速发展，以互联网为代表的新媒体从诞生到逐步发展壮大，深刻改变了原有的新闻传播方式，系统重塑了新的媒介生态和传播格局，媒介融合已经成为媒体发展的新趋势。在这一变局中，新闻传播也应势而动，在各个方面发生着巨变。

本书从新闻传播的理论基础介绍入手，针对媒介融合趋势下的新闻传播、融合新闻传播的媒介以及融合新闻传播的受众进行了分析研究，对融合新闻传播的业务、融合新闻传播的团队及创作做了一定的介绍，还对融合新闻传播的技术应用做了简要分析，旨在摸索出一条适合融合新闻传播工作创新的道路，帮助相关领域工作人员在应用中少走弯路，运用科学方法提高效率。

作　者

2024 年 3 月

目　录

第一章 媒介融合的基本认知

第一节 媒介融合的内涵与外延

一、媒介融合的概念探析

广义的媒介融合包括一切媒介及其有关要素的结合、汇聚甚至融合，如技术、内容、文化体制等，不仅包括媒介形态的融合，还包括媒介功能、传播手段、所有权、组织结构等要素的融合。

狭义的媒介融合是指将不同的媒介形态融合在一起，产生质变，形成一种新的媒介形态，源于一种媒介由自我转换为另一种媒介的功能的观点，并强调媒介融合的形态、过程、渠道。

媒体融合是指各种媒体形态的边界逐渐消融，多功能复合型媒体逐渐占据优势的过程和趋势，它不是单纯媒体形态的融合，而是一种全方位、深层次的融合。

媒介聚合是指新闻媒介形态受新媒体技术和受众市场的牵引，为最大化地获取传播效果而发挥媒介自身优势，却不失其自身形态的新闻生产的理念和方式的新业态。

中文融合有“融化”“消融”之意，且有化学反应的“合成一体”之意，按 convergence 一词的原意将其译为“媒介聚合”，“聚合”就是和而不同，各种媒介各有其位，互不湮灭，只是传播强势程度不同而已，这样，任何形态的媒介在互联网技术平台上都能拥有其位，都能生存。目前在我国的媒介土壤中，这种新业态还是一种拟态行为。

随着媒体融合的深入，其意义不再局限于“媒介一体化”的功能性，而是具有更深层的影响。媒体融合是一场媒体革命，媒体融合不是简单的传统媒体互联网化，而是传统媒体面对网络科技、数字技术、媒体格局以及舆论生态的变化，在内容、渠道、平台、经营、管理等方面的整体转型，是对传统的媒体思维、模式、机制、技术的自我革新。

媒介融合不仅包括技术、业务、产业、内容、网络和终端的融合，而且还涵盖了更广泛的六界融合，这六个层面共同构成了媒体和通信领域的综合融合生态系统，推动了媒体产业的不断演进和创新，为用户提供了更多元化和便捷的媒体体验。

媒介融合不仅是一个概念，也是一个过程，媒介融合是在数字技术、网络技术的发展和放松规制的语境下，不同传媒产业通过并购、重组和整合，达到内容、平台、网络、渠道和终端的融合，实现数字化、互动化、集约化的融合新闻的生产过程。

媒介融合是分层次、分阶段进行的，具体包括三个层次：第一层次是媒介互动，即媒介战术性融合；第二层次是媒介整合，即媒体组织结构性融合；第三层次是媒介大融合，即不同媒介形态集中到一个多媒体数字平台上。

媒介融合分为技术、产业、受众和组织管理四个层次，融合进程开始于技术层面，然后发展到媒体行业，并作用于消费者、媒介管理机构。

从系统论视角看，媒体融合是一项复杂的系统工程，是一个不断演进的动态过程，要取得实质性的进展，必须从新闻运作模式、生产方式、操作手法进行系统变革，必须从体制机制、组织结构、盈利模式进行综合转型。

媒介融合的多元化构成跨学科领域的知识谱系，媒介融合从本质上讲，是打破技术障碍后对新闻本质的回归，但是由此产生的一系列新的技术形态、消费行为和行业规则又给目前建立于前网络时代的新闻业造成困惑和挑战，它打破了原有的传播秩序，在传播链中的各个元素间，重新建立各种混乱、复杂、多变的新的链条，为传播实务和研究的发展提供无限可能。

随着研究的深入，学者们对媒介融合的研究不再局限于概念这一层面，而是进一步提出了媒介融合的内涵与外延，“融合”已经成为分析传播本身的一个理论支点，为媒介和传播研究提供更广阔的理论和分析视角，媒介融合开启了哲学、社会科学和媒介研究之间的对话。

“媒介融合”概念本身并非简单的实体，而是多重性的、富有不同的意义，在有关媒介融合的各种观点当中，也有批判和担忧的声音，这反映出人们对于媒介融合所推动的社会、文化变迁及其结果抱持着复杂态度。

二、我国媒介融合的发展实践

我国的媒介融合不断演进，具体可以分为如下三个阶段。

（一）传统媒体建设新兴媒体

1997 年 1 月 1 日，《人民日报》网络版（人民网前身）正式进入国际互联网。处于

“翻版”阶段，信息的传播是单向性的提供，受众被动接收，传统媒体是主要的信息提供商，互联网仅仅是一个新兴载体，报纸等传统媒体纷纷开设自己的新闻网站，提供电子版报纸，报纸开始实施数字化战略。

（二）传统媒体与新兴媒体互动发展

网络成为媒体与受众的互动平台，用户既是网站内容的消费者，也是网站内容的制造者，博客成为这个阶段的互联网新应用，传统媒体与新兴媒体在技术和平台上完美融合。报纸网站的内容与印刷版有了较大区别，新增了利用网络的优势与特点而传播的内容。广播电视网站除了转播广播电视台的新闻外，开始提供自己编辑的新闻；网络媒体开始利用自身优势进行新闻内容的取舍与传播。2006 年原国家新闻出版总署公布了报纸网站、手机报、多媒体数字报刊、数字化平台、电子阅读器、手机二维码、户外数字媒体、电子商务、移动采编系统等九大类“数字报业的创新方向”。

（三）传统媒体与新兴媒体融合发展

人工智能、云计算、物联网、关联数据和语义网络等，形成了人和网络之间的互动与沟通，微博、微信等新兴媒体促使媒介融合从内容融合、平台融合到了更高层次的产业融合。基于互联网的新兴媒体综合了包括声音、图像、影像、动画等多种媒介形式，成为综合的信息服务者，开展电子商务、游戏娱乐、网上社区等其他服务项目。

第二节　媒介融合的动力与形态

一、媒介融合的动力

媒介融合源自传媒产业对原有技术、规制、市场要素的不断创新，并呈现出媒介融合肇始于技术创新、加速于制度创新、深化于市场创新，最终表现为产品创新的逻辑特征。此外，用户分化和内容多样性也是媒介融合得以发展的内在动力与关键词。

（一）技术先行

技术的发展作为推动传播形态变化的主要动力之一，影响着整个社会结构的深刻变革和“我们理解与思考的习惯”，基于技术的壁垒与边界被逐渐消解，构成媒介融合的重要动因。

媒介融合最初的推动力在于技术层面，即数字技术的出现和网络的升级。如果将媒介融合放在新媒体技术变迁、媒介规制变迁和媒介运营规则变迁的三维坐标中去衡量，那么，媒介技术就是催生媒介传播方式和媒介形态发生变革的主导和助推因素，然而从媒介生态学角度而言，媒介规制和媒介市场也是媒介变革的关键。

无论是早期传统媒体与新媒体之间的融合，还是不同新媒体之间的融合，媒介融合的过程都表现出明显的技术先导性，技术在媒介融合的兴起和发展中起到导向性的作用。传媒发展是技术进步直接推动的结果，正因为如此，媒介融合所产生的媒介形态也必然建立在技术发展的前提之上。技术的发展，消融了传统媒体单一形式的传播特征，将电视、手机、计算机演进成为多媒体一体化的传播终端，以集合文字、声音、图像、视频的综合性信息加工与传播形式，新媒体将音频、视频、数据和语音通信服务融合，模糊了广播电视、互联网与电信业的界限，改变了音视频的传播模式以及视听文化的消费习惯，当前，技术的发展加速人与机器的融合，人机协调合作，进入人工智能传播时代。

此外，技术的应用是为了构建传者和受者之间新型的传播关系，“互动、索取、分享”是数字时代媒介技术所需实现的第一层面，“体验真实”是第二层面。

（二）制度创新

媒介融合必然造成对原有媒介组织及市场体系的改变，因而传媒管理制度的变革，是媒介融合得以产生与发展的基本前提。国际传媒管理体制改革中的一种共同趋势：规制框架从纵向分业规制向横向分层规制转换；规制机构从分立机构向融合机构转变；规制改变的取向是放宽市场准入、倡导竞争、吸纳投资、规制中心从结构规制向行为规制转移。技术革新、制度创新、更新观念，为媒体融合发展建立完善的机制保障，更多地激发新兴媒体的创造能力。

（三）产品创意

媒介融合的理念就是要形成适应媒体融合发展的新思维、新观念、新认识，为推动媒体融合发展奠定思想基础，强化移动互联理念，在观念上理解和认可新兴媒体，在行动上主动借鉴和融入，促进媒体融合发展，确立“融合思维”，需要传统媒体和新兴媒体互相借鉴，吸取各自优势，实现共融发展。互联网时代媒体维持生存发展需要三个要素：高质量新闻内容、持续增长的数字用户数量以及能够有效地将受众转化为收入的策略。从市场角度来讲，数字技术带来的巨大盈利前景是媒介融合的强大诱因与动力，这决定了要以传媒产品的多样性、深化产品创新作为内在驱动力与目标。媒介融合是两个融合过程的结果：一是自上而下的企业驱动过程，二是自下而上的消费者驱动过程。“规模化”和“差异化”是媒介融合的逻辑起点和发展的终极指向，也就是说，在生产和消费上对“规模化”和“差异化”的追逐是媒介融合形态中的根本作用规律。要同时实现生产形态和消费形态的“规模化”和“差异化”，只有以“融合”式的生产方式来提供“融合”式的消费产品，因为“融合”意味着将“对立”化为“统一”，各对立个体间通过模糊性的融合边界连接在一起，同时又保证了差异性。

（四）用户分化

媒介融合不只是媒体内部的生产流程改造过程，也是媒体与用户融合的过程，即要将用户深层引入媒体的业务流程与业务模式中，使用户成为整个媒体系统的新生产要素，激发其生产力。

融合用户是媒体融合的载体。融合用户是媒体融合的标准，媒体对用户的融合度，应该是判定媒体是否从“相加”到“相融”的重要标准，新媒体的崛起带来媒介融合的深度推进发展，媒体面临与以往大为不同的传播环境，传播对象由大众传播时代扮演信息接收者的“受众”，转换为媒介融合环境下全新的既是信息接收者也是信息发布者的“用户”，传播话语权不再被媒介机构垄断，用户需求成为信息产品生产的动力和目标，传播模式变为非线性、社会化、产销合一的模式。

从“受众”到“用户”名称的改变，也是传播关系的改变，从用户入手需要转变思维，从“以媒体为中心”转变为“以用户为中心”，从用户的角度思考；从用户入手需要坚持内容为王，内容是媒体的生命，坚持内容为王就是要让用户满意；从用户入手需要体现个性化，互联网的发展为个性化传播提供了技术保障，媒体融合应该追求和引领技术的潮流。

（五）内容多样

融合是媒介内容在一系列平台间的流动，新的技术、新的媒介形态、新的产品内容，媒介融合必然要经历“一个从增量改革到语法变革的逻辑过程”。媒介融合不只是介质渠道量的简单累积，而是媒介属性的嬗变过程，而新语法变革就是信息从传播方式到接收方式再造的表现形态。数字化技术背景下，数字技术的标准化打破了各类媒介内容生产之间的壁垒，内容生产独立出来成为一个产业链的上游集群，通过各种渠道分配到各类终端，打破了“竖条式”的媒介产业链结构，弥合出一个统一、集成的数字内容平台，形成了新的“伞式”媒介产业链结构。

二、媒介融合的形态

因媒介融合的概念及意义所指不同，媒介融合形态的侧重点也有所不同，大体上包含以下三种形态。

（一）内容融合

内容融合将不同媒介形态的生产，依托数字技术形成跨平台、跨媒体的使用，利用数字化终端，形成多层次、多类型的内容融合产品，新兴的传播技术是内容融合实现的基础，主要是传播手段的相互融合，内容融合是由于消费者对内容消费的规模化需求，同时数字化技术提供了大规模内容生产的可能，由此产生了以内容产业为生产形态的融合性生产，从而形成了内容融合。

媒介融合的内容运用的是“集体智慧”，通过“集体智慧”，人类新的知识共同体正在形成，但是这个由受众自发构成的，具有一定自由的知识共同体形成的新媒介集体却更深地受到了商业文化的侵扰与控制。

（二）网络融合

网络融合是由于消费者对信息即时即地的需求，而实现信息传输的“交互性”和信息接收的“移动性”就能够使时间、空间的限制得以破除，通过网络融合就可满足这种即时即地互通的需求，由此带来了以“三网融合”为代表的“网络融合”。“三网融合”的基础是网络层面的融合，有两层含义：一网多业、一业多网，即一个网络可以承载多种业务，一种业务可以在多个网络上承载，改变过去每种业务只在一种特定网络上承载的局限性，从而推动信息的跨网络、跨终端传播。“三网融合”即广播电视网、电信网和互联网的融合，三网功能趋于一致，能够提供包括文本、语音、数据、图像等综合多媒体的通信业务，并逐步整合成为统一的信息通信网络，实现业务之间相互竞争、网络互联互通、资源共享。

“三网融合”的本质实际上是广播网和通信网都与互联网融合，三网融合的核心是提供综合信息服务。

（三）终端融合

终端融合是由于消费者对信息的多样化和一体化需求，在信息传播的终端发生了融合，包括终端设备的融合、终端信息和服务的融合。跨媒体融合设备终端主要有三大类：即网络终端（计算机）、移动终端（智能手机、平板电脑）和电视终端（IPTV、互联网电视）。终端融合打破原有的传统媒体单一的传播渠道，将报纸、广播、电视、网站、手机等不同载体视为一体化的“融合信息终端”，以新闻内容在不同载体的相互嵌入和多形态化，实现全天候传播，满足受众多元化、个性化的信息需求。

第三节　媒介融合传播力与社会的发展

一、媒介融合传播力

在媒介融合的理论与研究探索中，大多从“融合”出发而忽略了“传播”，“传播力”概念源头有两个：一是以媒体作为传播主体对传播力概念进行阐释，二是以社会机构、组织、团体甚至个人作为传播主体对传播力进行研究。

传播力（communication power）是媒介传播力的简称，指媒介的实力及搜集信息、报道新闻、对社会产生影响的能力。从外在层次上看，传播力包括媒体规模、人员素质，传播的信息量、速度、覆盖率及社会效果，其中传播效果是媒介传播力的主要表征，传播内容的权威性、媒介人员的素养、媒体管理水平、技术手段等是传播力的决定性因素。

当前，传播力研究方面，大致存在四种论说。

（一）能力说

传播是指传播者和受众成功地将信息进行编码和解码的能力以及传播渠道成功地传播这些信息的能力。

（二）力量说

传播力是一种实力。大众传媒的影响力巨大，可以推动社会进步。

（三）效果说

传播力的本质就是有效果的传播，传播力是指传播行为带来的一切影响和作用的总和，传播效果可以在现实中转化为说服和影响的力量。

（四）综合说

传播力不能以单一视野概而论之，而是一种应以融合、整合、差异的传播主体而论之，称为综合说。

2016 年 12 月，人民网第一次发布的《中国媒体融合传播指数报告》提出“融合传播力”概念，即媒体集团通过全媒体渠道传播全媒介内容，以赢得最广大用户的能力，具体地讲，融合传播力是增强主流媒体新闻内容的核心竞争力。

媒介融合对于当代中国社会文化发展，正在且将进一步释放出复杂多样而又深刻的影响力，既有的社会和文化可能被改变，新的结构和文化将依循媒介融合的影响而发展起来，面对这种变革力量，人们必须秉持严谨而科学的态度，结合社会及文化整体的回应加以分析。

二、媒介融合的研究议题

在媒介研究领域，功能主义、技术决定论、传播生态学等众多流派的思想，多角度地剖析了媒介技术与文化之间的复杂关系，理论关切范围囊括了从文明的发展、制度的建立、社团和利益集团的形成，以及微观层面的社会互动等全部社会生活维度，媒介融合已经展现出强大的文化塑造力量，从而引起各界人士的密切关注。以此立基，关于媒介融合的三种研究范式：第一，以技术为中心，网络技术与传播内容层面的媒介融合；第二，以政策为中心，产业政策层面的媒介融合；第三，以社会为中心，社会层面的媒介融合。

新闻传播领域的学者对相关媒介融合的路径依赖，特别是对新闻传播学术资源和学术旨趣的路径依赖，其实是一种典型的研究“范式”的路径依赖，所谓范式，可理解为“科学共同体”所共同具有的信念、知识基础、研究工具的总和，“一个公认的模型或模式”。本质应该是作为特定产业间媒介融合的一个经济学问题，国内的新闻传播学界的研究基本上是在现象和实务层面。

自 20 世纪 90 年代末至今，我国媒介融合研究表现为一个从概念、定义到现象和规制的演进路径，研究议题较为集中，由中心向外辐射，依次为新媒体、媒体融合、传统媒体、电视新闻、全媒体、创新、新媒体时代、融媒体、转型、三网融合、舆论引导、媒介形态、社交媒体、大数据、互联网思维等。媒介融合的主体研究、载体研究、从业人员和用户研究、产业及政策研究是媒介融合研究的四大方向。

（一）媒介融合的主体研究

媒介融合的主体研究大体上包括媒介传播、广播电视、广播新闻、信息源等，包含的关键词有“传统媒体”“广播电视”“数字技术”等，无论在学界还是业界，媒介融合的焦点在主体因素上大部分比较关注广播电视产业，“三网融合”的启动就是以广播电视网的革新为主。

（二）媒介融合的载体研究

媒介融合的载体研究包括移动互联网、媒介环境、移动客户端等，关键词有新媒体、社会化媒体、自媒体等，与第一类媒介融合主体研究相比，此类研究视角出现了明显转向，即重点关注媒介融合之后的媒介呈现方式，又称媒介平台，有学者认为传播平台的聚合革新，也会带来传播业态的改变。

（三）媒介融合的从业人员和用户研究

媒介融合的从业人员和用户研究包括记者、用户等，除此之外，从关键词分类“新闻教育”“学术期刊”中可以发现，此类研究还包括传媒类的教师群体、学生及研究人员，另外，从关键词“电视采编”“采访形式”“创新”“互联网思维”中可以发现，此类研究主要关注从业人员专业技术和观念的更新。

（四）媒介融合的产业及政策研究

媒介融合的产业及政策研究包括传媒经济、全面深化改革等，关键词包括“报业集团”“电视节目”“三网融合”等，主要关注对媒介融合的影响因素。

三、媒介融合与新型媒介化社会的发展

媒介是社会的连接组织，“人”是社会的主体与主角，社会的媒介化肇始自 19 世纪 30 年代大众媒介的出现，媒介化的突飞猛进则自电视普及之后开始。电视极大地提高了人们对于媒介的依赖性，并大大增强了媒介对于社会政治、经济和文化的影响力，通过媒介获取社会信息，担负“将思维诉诸表达、构建从属于公共生活的空间并使社会关系恒久锻造与改变的职责”，媒介影响社会全方位渗和形态变化，从口语到文字，从书籍到活字印刷，从报纸到电视，再到计算机互联网，随着 20 世纪以来的媒体发展，新媒体风起云涌，人类现正处于传统媒体和新兴媒体立体传播的社会体系之中。互联网媒介信息技术的发展带来的全球化信息共享使世界联系变得日益紧密，不仅仅是社会整体，还有社会中的个体，其媒介化的过程已经发生，媒介融合的浪潮使得媒介化社会从初具雏形变得日益清晰起来，加速媒介化社会的进程与发展。

媒介化社会是在技术推动下媒体信息高度发达的社会，它具有以下明显特征：第一，媒介影响力对社会全方位渗透；第二，媒介信息影响人的思维方式，人也开始媒介化；第三，多媒体技术普及化，信息传播渠道增多，媒介去中心化。这些特点也是融媒时代所面临的新问题：第一，更多“媒介人”的出现；第二，由于受媒介的影响，融媒时代成长的一代受众表现更强的自主性；第三，警惕受众“媒介依存症”。

第二章　融合新闻传播的媒介

第一节　纸质媒介与新闻传播

纸质媒介也称为印刷媒介，它包括书籍、报纸、期刊、小册子、广告传单等，是所有以印刷为复制手段的媒介。

一、纸质媒介的常见类型

（一）书籍

书籍（这里的书籍也包括使用各种材料的、刊载文字图画等各种符号的装订册）最早出现于中国，因为中国最早有印刷术。欧洲印刷术起初也是用于印制书籍，传播思想和知识，推动了文化和教育的发展，促进了文艺复兴和思想启蒙运动。

与其他印刷媒介相比，书籍容量大、内容专，既适于传播系统化的知识，又便于探讨深奥的理论，还有保存和查阅方便的长处。但书籍出版周期长、成本高、广告少、价格贵，因此不宜刊载时效性强的内容。

（二）报纸

报纸的出现，标志着人类新闻事业的开端。随着生产力的发展，信息的传播需求逐渐增加，传统的口耳相传和手抄形式已经无法满足社会的需求，报纸因此应运而生，并迅速成为人们获取信息的主要渠道之一。

20 世纪初期，新科技革命带来了广播电台和电视台，彻底改变了新闻传播媒介的整体格局，出现了报纸、广播和电视三分天下的局面，人类新闻事业从此进入现代新闻事业阶段。在这一时期，报纸不仅受到了其他新闻传播媒介竞争的挑战，自身也发生了很大变化，具体表现在商业化报纸的大量出现、更大程度的社会化以及垄断趋势的日益增强，而这也成为现代报业的主要标志。

总之，报纸是人类新闻传播活动中非常重要的产物。在印刷术没有出现以前，古人是通过手抄文字进行传播交流的，虽然手抄文字比之前的口语传播有所进步，但仍然无法克服其局限性和弊端。比如手抄文字需要人工抄写，所以传递信息速度缓慢，无法批量传播，因此导致其传播范围狭窄、传播信息量有限。印刷术的出现催生了报纸的诞生，报纸以其独特的技术优势克服了手抄文字传播阶段的不足，形成了自己的特点。

报纸的优势：报纸作为现代社会生活举足轻重的新闻传播媒介之一，与广播、电视和互联网相比，有着独特的优势和特点。

1. 易保存，有利于流传后世

手抄文字时期，人们为传递信息，采用很多传播载体。在我国古代，相继出现的文字记录载体就有甲骨、青铜器、石刻、简册、锦帛、纸等。这些载体有的价格昂贵，有的体积庞大，流传范围有限。报纸则有轻薄、价廉的优点，易于保存，甚至能流传给子孙后代。

2. 刊载的新闻具有深广性

报纸的报道内容既可简明扼要、点到为止，又可以详尽分析、展开述评，体裁也包罗万象。

3. 报纸的阅读率比较高

报纸具有稳定的物质形态，以纸张作为载体，文字记录信息，读者看得见、摸得着。相较于口耳传播，信息能够以确定的形式被记录下来，可以被反复阅读，甚至作为资料收藏，多年之后依旧具有阅读价值。此外，报纸价格低廉，又多以散页形式呈现，便于分享，传阅率较高。

4. 携带方便，随时随地可以接收信息

报纸不受时空范围的限制，读报时间和读报地点可以由读者自由掌握和控制。读者可以在地铁、办公室、家里、公园里读报，可以在一天之中的任何空闲时间读报，在这一点上读者的主动性很强。

5. 报纸的阅读选择比较自由

报纸是非线性的传播模式，一份报纸在手，受众对于某个版块、某篇报道，可以选择看或不看、先看或是后看、详看或是略看，受众不需要根据编辑的思路，顺着他人安排的路径去接收信息，也不必去看大量不感兴趣的版面，没有时间的限制，甚至可以将报纸寄存，等闲下来之后再安排时间阅读。相较于稍纵即逝、无法避开广告的广播电视来说，报纸对于读者在阅读体验上的感受要好得多。

（三）期刊

期刊又被称为杂志，有固定的刊名，连续出版。出版周期一般在一星期或以上，一年以内。

期刊的出版周期比报纸长，在时效上不如报纸，但期刊出版时间的相对充裕使其对同一事件的材料收集和分析、写作，可以更充分、深入、精到。在报纸进入“厚报时代”以后，期刊的这些长处又日益被厚报吸纳。但期刊仍可利用其受众面窄、针对性强、内容选择精、印刷质量高、保存和查阅方便等特点，保持相对优势并开辟新的领域。

二、书、报、刊三种纸质媒介的比较

（一）形式

版面上报纸大，期刊中，书籍小。但书籍页码多、容量大。

报纸一般为散页不装订，期刊装订简单，书籍装订精细。

版式上报纸灵活，期刊美观，书籍庄重。

出版周期上报纸短，期刊中，书籍长。这对内容的影响最大。

（二）内容

内容种类上，单个媒介中报纸新、广、杂，连续性强，期刊次之，书籍更次之。然而对同一内容，书籍专、深、全，期刊次之，报纸更次之。

书籍的出版周期较长，不便于刊载时事新闻和评论。期刊的周期比报纸长，绝大多数期刊是非新闻性的，新闻性的内容也主要为深度报道和评论。报纸则一般以新闻和时事评论为主要内容。

广告也是重要内容。有些读者还为了看分类广告而买报纸。报纸上广告多，期刊次之，书籍更次之。报纸出版快、制作容易，广告发布及时、成本低。报纸版面大，适合作文字说明。报纸区域性强，适宜刊登针对特定地区的分类广告、促销广告等。期刊的纸张和印刷质量好，广告画面清晰漂亮，适合树立企业和产品形象。书籍的出版时间长，读者单一，故一般没有广告，或仅刊登一些与书籍内容相关的广告。

（三）使用

价格上报纸最便宜，期刊次之，书籍更次之。因而报纸的读者面最宽，期刊次之，书籍更次之。这也反映在发行量上。但书籍便于保存和查阅，期刊次之，报纸更次之。

三、融媒时代的纸质媒介

当年电子媒介出现时，就有言论预测纸质媒介将要消亡。新媒体出现之后，这个论断又再次被提起，然而直到现在，报纸、期刊等纸质媒介仍然存在，虽然一些报刊销量有所减少，但也有一些报刊发行量是增加的。

传统报纸的劣势在于，囿于截稿时间和排版、印刷等环节，新闻传播的时效性较差。新闻信息只能通过文字、图片等静态符号来展现，现场感、生动性不够。互动性表现出间接、延时的特点。互联网显然可以弥补传统报纸的弱势。这就需要报纸媒体树立开放的心态，积极与互联网展开合作，借助网络力量，提升传播能力。

（一）报网互动

“报网互动”是近几年媒介领域颇为流行的一个词。报网互动是指报纸与网络发挥各自的优势，展开多层面的合作与互动。报纸建立自己的网站，依托网络平台，优化新闻报道流程，这是报网互动的前提。报网互动主要有四个层次：第一个层次是纯技术层面的互动，即报纸利用网络平台发布信息产品，这也是最为初级的报网互动。第二个层次是内容层面的互动，即新闻生产环节的互动，这是报网互动当中最核心的内容。第三个层次是发行、广告层面的互动。第四个层次是品牌层面的互动，包括大型媒体活动中的报网互动，以及媒体品牌传播、体制创新中的报网互动，其建立在前面三个层次的基础之上。

（二）全媒体再造

网络技术和新媒体的发展使媒介呈现融合的趋势。不少传统媒介在转型的过程中，提出了“全媒体”的概念。全媒体，顾名思义，即突破媒介界限，建立在整合和融合基础之上的，能综合运用多种表现形式进行新闻传播的综合性媒介平台。从其内涵来讲，全媒体不仅指人们直接能感受到的传播内容的多媒体表现，而且应该包括全媒体观念、全媒体采编、全媒体经营等内容。

就报纸媒体而言，全媒体战略就是打破传播介质和表现形态的束缚，利用互联网、移动终端等新媒体技术，改变原有的单一纸质媒介传播方式，将新闻传播延伸至其他载体，建立组合式的、跨媒体的内容发布平台。

在全媒体理念之下，报纸记者不再只是文字记者或摄影记者，而是全媒体记者，即要能熟练使用多种采访工具、采用多种报道方式来完成报道。

此外，全媒体的新闻制作方式，必然要求媒介组织建立新的新闻采编流程，采集新闻素材并根据不同受众的接收特点进行加工，制作成不同的新闻产品，最后通过不同的传播渠道（媒体）传播给受众。

第二节　电子媒介与新闻传播

电子媒介是利用电子技术，以电磁、电光、电子、微电子等为介质，大都通过无线电波或导线进行传播的媒介。电子媒介有电报、电话、传真等通信工具，以及电影、广播（狭义）、电视、录音录像、网络、手机（作为大众传播的接收器）等大众传媒。

一、电子媒介的常见类型

（一）广播

广播是通过无线电波或导线向广大地区传送声音的新闻传播媒介。无线的广播有调幅和调频。调幅有短波、中波和长波。新时期，伴随着数字化蔓延，数字化广播也逐渐出现，并以其抗干扰、高保真、便于储存、可通过网络传输、可附带文字和图像等优势，代表着广播新的发展趋势。

作为一种新闻媒介，广播具有以下几个方面的优势。

1. 传播快捷，时效性强

广播新闻的制作过程简单，可以免去报纸、印刷、折叠、运输等多道工序。因此，它加快了新闻的流通速度，可以对新闻事件进行即时发布、即时解读，时效性非常强。尤其是同步广播，它对正在发生的新闻事件（重大突发事件、重要的大会、盛大的活动、精彩的赛事等）的现场进行直接广播，能使人们以最快的方式了解新闻事件的发展变化。

2. 受众广泛，收听限制少

收听广播的受众不需要具备相当的文化水平，一般只要听力健全，就能成为广播的听众。所以，广播的受众非常广泛。此外，不管天南地北、城市乡村、平原沙漠、海洋高山，广播都可以到达。当发生地震等自然灾害，或交通不便、接收电视信号困难时，就更能凸显广播的优势，因为它很少受这些限制。

3. 感染力强

广播是唯一诉诸听觉而非视觉的传播媒介。听众通过它收听新闻时，常常要进行联想，对各种人物形象和事件场景进行“建构”，从而深刻理解事物。此外，声音比文字的表现力更直接、更传神、更亲和，能给人带来面对面的交流之感。因此，广播的感染力很强。另外，广播中的音乐可以娱乐身心、陶冶情操，可以给人以身临其境的感觉，从而达到声情并茂的效果。

4. 有较为灵活的互动

广播可以借助电话、手机、网络等新技术平台形成多样化的传播形式，为听众直接参与广播、发表自己的看法和意见创造机会，实现传播的双向性和互动性。

（二）电视

电视以无线电波传送声音和图像，被称为“20 世纪最伟大的发明之一”。在许多国家，已经形成了卫星电视、有线电视、无线电视、网络电视交叉覆盖，天上、地面、地下立体传输的格局。如果说 20 世纪 20 年代以后是广播的时代，50 年代至今则是电视的时代。尽管互联网日益强大，但要取代电视的地位还很遥远。电视传播的优势如下。

1. 传播迅速及时

电视以电波为载体来传输视频信号，传播速度很快。它与广播一样，可以进行现场直播，同步反映新闻事件。

2. 视听兼备，亲切可信

电视以传送声音符号和图像符号而诉诸人们的听觉和视觉，这就使传播的信息更为具体可感。所以，电视特别适合报道现场感强、有视觉冲击力的新闻。

3. 渗透性强，覆盖面广

由于电波的穿透能力极强，加之接收条件简便，因此只要电波可以到达的地方，都能收到电视节目。另外，电视的观众也不受文化水平、年龄、性别和职业的限制，视听觉正常的人都可以成为它的受众。

二、广播传播的发展趋势和电视传播的新形式

（一）广播传播的发展趋势

广播原是 20 世纪上半叶现代高新技术的产物，诞生之初曾引起世界轰动，广播迅速拥有了庞大的听众群体，当时其在人们心中的地位大有取代报纸之势。进入 21 世纪以来，在全球化趋势日渐加深，媒介竞争日趋激烈，受众要求越来越高的形势下，广播作为人类

社会最早出现的电子媒介，一方面正受到电视、互联网等传媒的强烈冲击，其影响力不可否认正在减弱；另一方面，世界政治、经济、文化等事业的不断发展，尤其是科技事业的快速进步，为广播的可持续发展带来了机遇和物质基础。广播因此也受到人们的高度关注。

1. 内容本土化

全球化的逐步扩大，带来的是“地球村”式的信息共享，人们比以往更容易接触外部的信息。广播作为一种收听方便、信息传递快、对受众文化水平要求较低的媒介，在及时发布本地新闻信息方面具有其他媒介无法比拟的优势。随着未来社会信息化程度的不断加深，广播无疑会发挥其媒介优势。因为它能及时、准确地向受众提供当地新闻资讯、法规政策、交通路况、商品贸易、气象服务等信息，并发挥重大作用。

2. 受众个性化

未来受众需求逐步多样化、个性化，他们希望以一种更加简便、快捷的方式获取与自己兴趣爱好相符合的信息。未来广播的受众划分并不以年龄为标准，而是细分到一般节目类型下的某些更细微的类别，这样听众会根据喜好和实际需求各取所需，电台频率同样细分到如专门提供交通新闻、财经新闻、气象预报、娱乐新闻等的专业频率。

在节目类型细分的基础上，未来广播还能够为听众提供更加个性化的服务。听众可以根据自己的喜好选择特制的节目内容，依照自己的现实需求获取最新的实时资讯，实现一对一的传播，这是一种受众主动选择的过程。数字化音频技术的发展和通信技术的逐步完善已经为这种个性化服务的实现提供了途径。

3. 途径多元化

数字音频技术可以将广播节目放在网上，受众可以自主挑选想收听的节目，这改变了传统广播节目的易逝性和接收方式的单一性，使得新闻传播的方式更为灵活。另外，数字音频技术的不断发展还可以实现“广播博客”的服务项目，通过数字交流平台，任何人都可以将自己的“电台”节目传递给其他受众。可以说未来的广播媒体将是一个大型的信息库，它通过各种途径向外传播信息，同时也是一个信息交流的平台。

从世界新闻传播媒介的发展历史来看，任何传媒的存在和繁荣都有其合理性、必然性。广播的优势是电子媒介固有特性派生而来的，它为广播在媒介发展进程中拥有自己的优势地位奠定了基础。但同时派生而来的是其不可避免的弱点，这一弱点使得广播在与后来新兴传媒的竞争中处于弱势地位而受到威胁。

在受众要求越来越高的今天，对于广播来说，机遇与挑战并存。如何抓住机遇、迎接挑战、战胜困境是广播媒介研究者、经营管理者和节目制作人共同关注的课题。为了生存和发展，他们正在不断利用人类创造的科技文明弥补广播的弱项，通过加强与其他传播媒介的融合，在创造传播新形态、发掘传播新特点等方面不断挖掘自身潜力，开拓广播的新天地。

（二）电视传播的新形式——数字化电视和网络电视

数字化电视就是用数码信号播出和接收的电视。数字化电视可将节目经过数码压缩，储存在服务器中，接收时解码、还原后在电视上播放出来。用户只要根据荧屏上的指示，用遥控器按钮，就可方便地选择节目和获取各种服务，还可像控制录像机、VCD、DVD那样，快速地前进、倒退、暂停。传统的电视机是模拟、复制拍摄对象的，要接收数字化电视节目，就需要加一个把数码信号转化为模拟信号的装置，一般称为机顶盒，加装后电视频道的数量可以成倍地增加，而且能得到DVD般清晰的电视图像，达到电影院般的音响效果，电视节目可以更加多样化、专业化、个性化，还可获得电视政务、电视商务、即时天气预报、生活信息、交通信息、股票信息、短信彩信等大量的资讯和服务。

对传播者而言，数字化电视可增加频道资源；可实现点对点的服务；使传播的针对性更强，效果更好；可充分利用库存节目；可收到更多、更及时的反馈信息（受众选择时的点击就是十分重要的反馈信息）；还可开展多种其他服务。对受众而言，数字化电视可获得更清晰的画面；可大大增加选择余地——不仅频道增多，还可随时选看库存节目；可任意选取自己想看的节目，甚至片段，改变以往的被动；可方便、及时地传出信息，表达自己的需求、意见等。

数字化电视与互联网相结合，就成为网络电视。网络电视可让受众更自由地点播节目、选择各种服务，收看时还可以通过网络获得文字说明、发出反馈信息等，因而也被称为交互电视、互动电视。内容除了新闻，还有“互动影院”“互动音乐”“家居购物”——不仅可通过文字介绍选购商品，还可看到图像展示、模特表演，“家居银行”——查询、结账、转账、缴费，以及教育、游戏、各种咨询等。电视机将成为一个集公共传播、信息服务、文化娱乐、交流互动于一体的多媒体信息终端。

三、融媒时代的电子媒介

广播电视媒体利用互联网改造自身新闻业务，使传播形式多样化，提升新闻传播影响力，其路径与报纸媒体是类似的。广播电视媒介与其网站“台网互动”主要体现在以下四个方面。

（一）实现节目的在线收听（看）和按需点播

利用网络音视频技术，在网络平台上实现节目的在线收听（看），方便受众在不同场合的视听需求。网站可通过建立节目库的方式，将节目内容按时间、栏目、主题等分类上传至网站，方便受众检索，按需点播。

（二）利用网络进行话题征集和讨论

一些电视栏目经常在广播网站的论坛中向听众预告近期将在节目中探讨的话题，邀请听众加入论坛对该话题发表看法，到节目正式播出的时候，听众的观点便会出现在节目当中。

（三）建立主持人博客

主持人是广播电视媒体的一项重要资源。很多受众对节目的关注往往是因为某位主持人的独特魅力。在传统的广播电视媒体中，人们看到、听到的只是主持人台前的形象或声音，却无法获知主持背后的故事以及主持人更立体、真实的形象，而主持人在播出节目时面向的也是“心目中”的受众，并不能准确地把握受众的想法。博客无疑是拉近主持人与受众的重要渠道。主持人在博客中讲述自己的工作、生活，与受众分享思想观点，实现与受众的互动。受众也可以在博客中留言，提出他们的期望、建议和想法。

（四）强化文字的传播作用

在传统广播电视媒体中，人们主要通过声音、画面、解说来获取信息，文字的传播力是较弱的。利用互联网，广播电视媒体可以将节目文稿上传至页面，供有需要的受众参考。有的广电媒体网站还推出电子杂志，体现了全媒体的理念。

第三节　新媒介与新闻传播

“新媒体”相对“传统媒体”而言，是一个内涵和外延都不断发展演变的概念。新媒体是以数字技术、通信网技术、互联网技术和移动传播技术为基础，为用户提供资讯、内容和服务的新兴媒体。新媒体主要采用数字压缩技术（包括数字压缩）、网络传输技术和卫星通信技术，这些技术发展的速度和方向决定着新媒体发展的速度和方向。根据媒体表现形式不同，新媒体可以分为互联网媒体、电视新媒体、手机媒体三类。

一、互联网媒体

互联网媒体是以计算机互联网为基本传播载体的媒体形式，因为互联网媒体建构在互联网这类新技术产品之上，因此和传统媒体比较而言，互联网媒体所具有的传播方式更加新颖，更加值得讨论研究。

（一）互联网媒体的常见形态

从目前的互联网媒体形态来看，主要表现形式有以下几种。

1. 博客

博客，又译为网络日志、部落格或部落阁等，是一种通常由个人管理、不定期张贴新的文章的网站。

博客上的文章通常根据张贴时间，以倒序方式由新到旧排列。许多博客专注在特定的课题上提供评论或新闻，其他则被作为比较个人的日记。

一个典型的博客结合了文字、图像、其他博客或网站的链接、其他与主题相关的媒体。大部分的博客内容以文字为主，仍有一些博客专注在艺术、摄影、视频、音乐、播客等各种主题。

从博客的传播模式及传播性质上来看，博客突破传统的网络传播，实现了个人性和公共性的结合。博客具有即时性、自主性、开放性和互动性。

2. 社交网络（虚拟社区）

虚拟社区是活跃于网络空间的集体交友方式与渠道，主要代表有 BBS。近年来，虚拟社区得到了全新的发展，其中最有名的要数社交网络。

社交网络即社交网络服务，源自英文 SNS 的翻译，中文直译为“社会性网络服务”或“社会化网络服务”，意译为社交网络服务。社交网络包括硬件、软件、服务及应用。由于四字构成的词组更符合中国人的构词习惯，因此人们习惯使用“社交网络”来代指 SNS。

3. 即时通信

即时通信是指能够即时发送和接收互联网信息等的业务。

现在的即时通信不再是单纯的聊天工具，它已经发展成集交流、资讯、娱乐、搜索、电子商务、办公协作和企业客户服务等为一体的综合化信息平台。

随着移动互联网的发展，互联网即时通信也在向移动化扩张。重要即时通信提供商都提供通过手机接入互联网进行即时通信的业务，用户可以通过手机与其他已经安装了相应客户端软件的手机或电脑收发信息。

4. 微博

微博，即微博客的简称，是一个基于用户关系的信息分享、传播以及获取平台。用户可以通过 Web、WAP 以及各种客户端组建个人社区，以一定文字或图片、视频更新信息，并实现即时共享。

微博不仅颠覆了传统信息的发布方式，以一种半广播半实时互动的模式创立了新的社交方式与信息发布方式，使得每个参与者既是传播者也是受众，既是新闻发布者也是传播者。便携性、及时性使得微博更容易在第一时间成为事件发布的平台。

（二）互联网媒体传播的特点

网络媒介具有和传统的三大媒介不同的传播特点，这主要表现在以下几个方面。

1. 选择性强

网络媒介集数据、文本、声音及各种图像于一体，突破了传统媒介依靠单一符号或以某一符号为主要载体的局限性，真正实现了多种符号的交融，使人们可以自由选择信息的符号传递方式。

2. 信息容量巨大

由于计算机巨大的信息储存量和万维网、联网数据库、邮件目录群、新闻讨论组和电子邮件等多种采集途径的同时使用，网络媒介具有超大信息容量。一个只有 8GB 的硬盘可以储存 40 亿个汉字的信息量，而一份对开 100 版的报纸一天最多只能提供 50 万字的信息。

3. 非线性传播

网络媒介突破了时间与空间的二维限制，以超链接的阅读方式，使得网络中的新闻信息处于互通的状态，因而给受众提供了广阔的选择。

4. 个人化和交互性服务强

网络媒介可以让用户亲自加工、处理、修改、放大和重组网络信息，使其成为信息的操作者，享受个人化的信息服务。同时，它还可以让用户通过网站设置的“用户论坛”“电子公告板”“时事评论”甚至“电子邮件”等及时反馈网站发布的信息，与其他用户对网站发布的信息进行共同的探讨。此外，网络媒介还能加强新闻传播者与受众的交互性，加强新闻传播者的信息服务功能。

5. 全球性和跨文化性

虽然广播电视的覆盖面都比较广，但毕竟是有限的。而网络媒介可以突破地域限制，时间和空间都不再是信息传播的障碍。这就使世界变成了真正的“地球村”，国家与国家之间的距离被拉近，不同文化和价值观相互碰撞、相互交流。

二、电视新媒体

电视虽然是20世纪的产物，但是随着技术的进步，电视在新媒体时代也有着不同的使命和全新的发展。以下从两种形态讨论电视新媒体。

（一）IPTV

电视新媒体中当下最受关注的是IPTV，即交互网络电视，一般是指通过互联网络，特别是宽带互联网络传播视频节目的服务形式。

互动性是IPTV的重要特征之一。IPTV用户不再是被动的信息接收者，可以根据需要有选择地收看节目内容。用户在家中就可以通过计算机、网络机顶盒+普通电视机、移动终端（如平板电脑、智能手机等）三种方式使用IPTV。

IPTV能够很好地适应当今网络飞速发展的趋势，充分有效地利用网络资源。IPTV既不同于传统的模拟式有线电视，也不同于经典的数字电视。因为，传统的和经典的数字电视都具有频分制、定时、单向广播等特点；尽管经典的数字电视相对于模拟电视有许多技术革新，但只是信号形式的改变，而没有触及媒体内容的传播方式。

IPTV是集合了电视传输影视节目的传统优势和网络交互传播优势的新型电视媒体，它的发展给电视传播方式带来了革新。

（二）移动电视

狭义上，移动电视是指在公共汽车等可移动物体内通过电视终端移动地收看电视节目的一种技术或应用。广义上，是指以一切可以以移动的方式收看电视节目的技术或应用。

作为一种新兴媒体，移动电视的发展速度是人们始料未及的，它具有覆盖广、反应迅速、移动性强等特点，除了传统媒体的宣传和欣赏功能外，还具备城市应急信息发布的功能。

三、手机媒体

手机媒体被公认为是继报刊、广播、电视、互联网之后的“第五媒体”。

（一）手机媒体的发展

随着信息化、网络化技术的不断发展，继报纸、广播、电视、互联网之后，一种新型的媒介形式——手机媒体出现了，这是一种以手机为视听终端、手机上网为平台的个性化信息传播载体，它以分众为传播目标，以定向为传播效果，也可称之为移动网络媒介。

手机又称“移动电话”，是通过无线信号接送和发射来实现通话的一种通信工具。手机的发明改变了人们对固定电话的依赖，极大地方便了人际交流。随着数字技术的发展，手机这个最初用于移动通话的通信工具，具有了一些特殊的功能。人们在手机上可以玩游戏、听音乐、看电影。同时，手机的信息载体功能日益增强，当手机开始提供收发短信、彩信、WAP 上网功能之后，特别是手机开始接收、储存和转发专业组织发送的新闻时，手机便毫无疑问具有了大众传播媒介的特征。

（二）手机的新闻传播特点

1. 时效性强

手机的传播非常迅速，受众接收新闻不再受时间与空间的束缚。现在，不仅是手机短信，很多大众传播媒介还借助 App 来发布即时信息，比较常用的是微博和微信的订阅推送，这是在发行周期之外进行补充传播的手段之一。

2. 便携灵活

手机与电脑相比，优点是小巧便携，与受众的关联度高，无论是在公共交通工具上，还是在排队等候的闲散时间，手机几乎成了人们利用率最高的现代化通信工具。在这种情况下，以手机为媒介进行信息传播，到达率是非常高的，传播效果也是非常好的。

3. 个性化传播

手机媒介具有极强的个人属性，因为这是我们日常生活中使用率极高的现代化通信工具，难免会带有个人色彩。从信息传播的角度来看，主要表现为选择性关注和选择性订阅。对体育感兴趣的人，可以通过手机客户端关注体育媒体，或者订阅体育新闻；对经济感兴趣的人，亦可以专门订阅经济类的内容。在手机时代，每个人接收的信息都是不同的，细分化的市场为媒介提供了更大的发展空间。

4. 互动传播

通过手机进行的传播，往往包含了大众传播、群体传播与人际传播。在大众传播阶段，通过手机，传者和受众之间可以实现良好的互动，如在媒体官方微博上留言；在群体传播阶段，网络或手机联系起来的群体本身就需要依靠互动维系，如群发短信讨论事情或者利用手机客户端在 QQ 群、微信群中进行信息的互动；在人际传播阶段，手机的互动性更加明显，无论是通话还是发送短信，其实质都是人与人之间的互动交流。

第三章　融媒时代新闻传播的受众

媒介融合趋势下新闻传播的受众在新闻媒介信息的传递过程中具有指向性和目标性的作用，而且是对媒介融合趋势下新闻传播活动的效果进行衡量的一个重要标准。随着中国新闻传播事业的发展，人们对受众的认识更加深入。市场经济以强大的力量将受众的作用从幕后推到台前，关注受众、了解受众、研究受众，成为当代新闻媒介求生存谋发展的必经之途。

第一节　受众的类型和角色

一、受众的概念

受众是传播学的一个概念，作为传播媒介信息的接收者，受众是新闻传播活动的终端。受众在传播过程中处于不可或缺的地位。受众的概念已经被很多学者提起以及使用，甚至已经约定俗成。

在大众传播领域，受众是指大众传播媒介信息的接收者，其中主要指三大新闻媒介，即报纸的读者、广播的听众和电视的观众。在很长一段时间里，人们对于受众的认识不足，把新闻传播媒介的运作仅仅看成媒介的主持人和记者、编辑的工作内容而已，对受众则主要突出了其在整个新闻传播过程中接收者的立场，认为受众只是被动的接收者。

二、受众的类型

按照不同的标准，可以将受众分为不同的类型。

（一）按照主导动机的不同划分

按照主导动机的不同，可以将受众分为感性受众和理性受众两大类。

感性受众是以满足情感上的需要为主导动机的受众。这类受众关注新闻传播主要是为了消遣娱乐、放松心情、调节生活，他们较为关注的内容多是自己感兴趣的信息，比如富有趣味的社会新闻、科技新闻、体育新闻以及娱乐新闻等，主要目的是娱乐，获得情感上的宣泄。

理性受众则更注重逻辑、理性和事实。他们更倾向于通过分析、推理和客观性来接受信息和媒体内容。理性受众可能更容易受到数据、事实、专业分析等因素的吸引，而不太关注情感色彩和感性体验。他们可能更容易受到新闻报道、学术论文、科学研究等理性内容的影响。

（二）按照媒体稳定占有受众的规模划分

按照媒体稳定占有受众的规模划分，可以将受众分为广众和小众两大类。

广众是人数众多的、长期收阅某个媒体（包括频道、节目）的受众群，一般在 25 万人以上。

小众是指长期收阅某个媒体的少量受众，一般在 25 万人以下。

根据此界定，大众阅览、视听的媒体叫广众媒体，比如大众经常收听、收看的媒体。而小众阅览和视听的媒体叫小众媒体，若干小众媒体又称分众媒体，简单来说，就是面向特定的受众族群的媒体。随着受众的细分，这部分群体可能恰好是某些产品或品牌的领先消费群或重度消费群，因此，现在受众群体上的划分越来越细化。

（三）按照接触媒介的确定性划分

根据接触媒介的确定性，可以将受众分为现实受众与潜在受众。一般来说，尚未接触全部或部分新闻传播媒介的人属于潜在受众，即目前无任何受传行为但是一定程度上具备了成为媒介受众的可能。社会的发展导致人们所处的社会环境、社会条件发生了变化，新闻传播业的目标就是要尽量把这些潜在的受众最大限度地改变成现实受众。由于这些条件的创造可能需要较长的时间，潜在受众产生行为也可能在不一样的时间，因此需要每一种传媒在其确定潜在受众人数时，根据不同的时间来制订不同的受众策略，以便更有利于展开工作。当条件具备时，潜在受众成为现实受众，即坚持接触和利用新闻媒介的人是新闻传播媒介的现实受众。现在传媒的任务是既要争取发现潜在受众，又要拥有较多的现实受众。毕竟，一个媒体是否办得好，还应看现实受众的人数。

（四）按照接触媒介的机会划分

根据接触媒介的机会，可以将受众分为随机受众和目标受众两大类。

随机受众是指不固定收阅某个媒体的人，即为不固定地、偶尔地选择该媒体。

目标受众是指经常接触某个媒体的固定受众，媒体传播的长期对象或是媒体稳定的受众群。

总体来说，受众的收看、收听兴趣并不是一成不变的，因此，要想顺利地进行传播，就要了解受众的收视习惯，保持目标受众，吸引随机受众。

（五）按照接触媒介的类别划分

根据接触媒介的类别，可以划分为报纸读者、广播听众、电视观众以及现代社会的网络受众。但是，这几类媒介的受众并不是截然分开的，很可能彼此交叉，同一个受众，可能既是报纸读者，又是电视观众、网络受众等。

三、受众的角色

（一）媒介信息的解读者

从信息传播的过程来看，需要传播者在经过编码后，以符号为载体将其传送给受众，而受众在接收到符号后，需要对符号进行解读，进而获得信息。受众在对符号进行解读时，不仅能将符号的明示性意义解读出来，而且能将符号的暗示性意义解读出来，在某些时候甚至赋予符号以新的意义。而且，受众对符号的解读结果，可能符合传播者的意图，也可能违背传播者的意图。

通常来说，受众对信息的解读会受到特定的语境、特定的情境、社会文化因素以及个体心理、价值观等的影响，因而不同的受众会对相同的信息产生不同的解读。

为了使受众能够更加全面、准确地对信息进行解读，进而提高信息传播的效果，信息传播者应尽可能提供多角度、多层面、多来源的信息。另外，受众在平时也要注意积累与日常的媒介接触的经验，以形成较为全面的视角来看待信息，进而得出较为客观的结论。

（二）媒介产品的消费者

新闻受众面对的是具体的新闻媒介产品，如一份报纸、一本新闻期刊、一档电视（广播）节目。在很多情况下，他们是通过支付一定的费用来获得媒介产品，从而实现阅读、收听、收看新闻媒介内容的目的。实际上，这一行为就属于消费行为。因此，新闻受众承担着新闻媒介产品的消费者角色。这是从市场角度考察与研究所得出的结论。影响受众对新闻媒介产品的消费行为的因素是多种多样的，既有受众自身的因素，也有社会因素。从受众自身来看，其选择消费某一新闻媒介产品，可能是出于对新闻信息的快速、准确、深度的需求，也可能是出于娱乐消遣、放松情绪的需求。

将受众定位为“消费者”角色，能够促使新闻媒介从业者积极地参与媒介的激烈竞争，产生危机意识，并从受众的需求出发，制作和传播满足受众需求的新闻媒介产品。值得注意的是，新闻媒介从业者也要以理性的态度去对待受众的消费行为，不能只追求市场占有率和利润，一味地迎合受众的某些低级趣味，从而降低媒介的品质，误导社会舆论，忽略公共服务的使命。

（三）新闻传播的积极参与者

受众在对媒介的信息进行接收时并不是完全被动的，而是有一定的主动性，是新闻传播的积极参与者。

1. 受众参与新闻传播的重要性

受众参与新闻传播的重要性，具体来说体现在以下几个方面。

（1）受众在一定程度上决定着新闻信息的选择

受众在对新闻信息进行接收时，会通过自己对新闻媒介传播过程的态度以及自己选择、取舍新闻信息的行为对传播者选择什么样的新闻信息进行传播产生影响。因此说，受众在一定程度上决定着新闻信息的选择。而受众对新闻信息选择的影响，具体来说是通过以下两个途径来实现的。

第一，向传播者提供前馈信息。前馈信息，即受众对新闻传播表示预期性需求的信息。一般情况下，在开始新闻传播活动之前，传播者会通过调查的方式来收集前馈信息，以对受众的实际需求、意见、建议等有更加深入的了解，进而更好地对传播内容进行选择、对传播策略进行制订、对传播形式和传播方法进行确定，最终保证新闻传播的顺利实现。

第二，向传播者提供反馈信息。反馈信息，即受众对新闻传播效果做出反映的信息。一般情况下，新闻媒介在收到受众的反馈信息后，会对传播的内容、策略、形式、方法等进行相应的调整，以更好地符合受众的需求。

（2）受众能够推动新闻改革的进行

当前，新闻媒介的数目众多，相互之间的竞争也越来越激烈。为了更好地生存与发展，各级、各类新闻传播机构都使出浑身解数，通过不断的改革创新，坚持不懈地在寻求新的发展之路。

实际上，新闻媒体进行改革，归根结底还是为了更好地与受众不断变化的新需求相符合。因此说，受众能够推动新闻改革的进行。

（3）受众影响着新闻媒体风格的定位

所谓新闻媒体风格，就是新闻媒体的报道传统以及栏目、版面和语言风格特点的统称。通常来说，新闻媒体一旦定位并形成了自身的风格，且获得了社会和公众的认可，便会在一定时期内保持稳定。而新闻媒体在对自身的风格进行定位时，需要充分考虑到自身的市场定位、社会定位以及受众的实际需要、阅读习惯和心理定式等因素。在此基础上，经过长期的不断调整与改进，便会最终形成自己的新闻媒体风格。因此说，受众影响着新闻媒体风格的定位。

（4）受众影响着新闻传播的效果

新闻传播的效果如何，在很大程度上取决于受众。当受众认可、肯定一家媒体的新闻传播活动时，其新闻传播的过程便会非常顺利，进而实现预期的效果，反之则无法实现预期的效果。因此说，受众影响着新闻传播的效果。

2. 受众参与新闻传播的方式

第一，直接参与到媒介的新闻传播活动中去，如参加一些在演播室录制的电视新闻谈话节目。

第二，在接收一些新闻信息之后，通过传统信件、电话、E-mail 等方式来反馈自己的看法、意见和建议。

第三，为新闻媒介提供新闻线索和素材。

第四，给新闻媒介提供一些意见性信息（新闻评论），从而丰富新闻媒介作为“公共领域”的内涵。

第五，积极参与新闻媒介的受众调查，为新闻媒介制订传播策略提供现实依据。

3. 受众参与新闻传播的特点

受众参与新闻传播具有一定的特点，具体来说这些特点主要包括以下几方面：

第一，服务性。新闻传播从其本质上来说，是服务于广大人民群众的生产与生活的。但是，新闻媒介在长期以来过于重视新闻的指导性和引导性，而忽略了新闻的实用性与服务性，从而导致新闻媒介离人民大众的生活越来越远。直到受众逐渐参与到新闻传播活动中来，这种状况才有所转变。而且新闻媒介只有真正具有了服务意识，才能更好地服务公众、赢得公众，进而在激烈的新闻媒介竞争中获得胜利。

第二，互动性。随着公众主动参与到新闻传播活动中来，新闻传播媒介与受众之间逐渐建立起了一种双向甚至是多向的信息交流和反馈机制。特别是进入网络时代后，受众可以更加便捷地主动参与进新闻传播过程中来，并且可以把他们的所思、所想、所愿及时有效地反馈出来，从而提升受众对新闻信息的关注度，扩展受众对新闻制作与传播过程的兴趣，这也充分体现出受众参与新闻传播的互动性特点。

第三，贴近性。受众在对新闻传播活动进行主动参与时，所关注的话题几乎都是与自身生活密切相关的。这使得新闻传播活动更加与实际相符合，也更加与受众的心理相接近。

第四，可读（视）性。人们在长期的生活中，对新闻报道形成了一定的偏见，如可读性不强、流于生硬说教、形式老套等。直到受众逐渐参与到新闻传播活动中，才使得新闻报道日益形成了多样化的形式，也大大增强了可读（视）性。

第二节　受众的理论与心理分析

一、融媒时代新闻受众的理论分析

（一）行为性受众研究

行为性受众研究是预测受众行为的另一种方式，它能够通过对受众的媒介选择、使用、意见等进行考察，来了解媒介的影响，进而为传播提供参考。行为性受众研究中较有名的是使用与满足的研究，理论假设认为受众具有社会和心理根源的需求，引起对大众媒介或其他信源的期望，导致媒介披露的不同形式，最后导致需求的满足以及其他无意的效果。

使用与满足理论是新媒体环境下受众理论研究的重要方面，在对互联网的受众研究中，许多学者都对使用与满足理论进行了借鉴，通过对网络媒体的使用，网民满足缓解焦虑的需求、满足获取信息的需求、满足情感交流的需求、满足自我实现的需求、满足主导的心理需求、满足工具的需求、满足审议的需求等，而青少年通过对新媒体的使用，可以获得平等参与的满足、“个性化”的满足、“共享”的满足等。

互联网和手机等新媒体为用户提供了自主的选择空间，因此新媒体的传播者要对受众的选择和使用进行分析，以便对受众的喜好有一个更好的把握，进而对受众的行为进行预测，使他们的传播内容受到欢迎。

虽然在新媒体的行为性受众研究中，使用与满足研究具有可取之处，但仍存在一些问题，它并没有对人类动机的复杂性和隐蔽性进行分析，可行性较差。

（二）结构性受众研究

结构性受众研究是整个受众研究领域中最成熟的一部分，视听率调查在受众中占据着主要的地位。

在被新媒体包围的今天，只对电视和广播等传统媒体进行受众调查已不能满足当今受众调查的需要，众多网站经营者、手机内容运营商等新媒体传播者同样需要了解所面对的受众的信息，所以一些新的专门针对新媒体进行数据调查的公司应运而生。

与传统的视听率调查相比，新媒体的调查有着更先进的技术，传统的大众媒介受众调查由于受到条件的限制，只能进行抽查，另外，由于大众媒介受众本身具有多、杂、散、匿的特点，传播者通常只能对部分受众的喜好有一个大致的了解，而新媒体调查则更全面、更准确，如手机调查，它往往能了解到大多数用户的真实信息，同时可以根据用户的使用情况进行有针对性的营销。

由于结构性受众调查与媒介产业具有密切的联系，因此它的研究获得了较多的资金协助以及大量的智力方面的支持，这使得它在受众研究领域中占有重要的地位，并且在新媒体受众研究中取得了较大的发展。虽然新媒体调查具有先进的技术，但也无法避免结构性受众调查存在的一些主要问题，由于过于重视媒介的商业利益，将受众看作利益价值的主要存在，而忽略了受众作为个体的人的价值以及过分追求商业利益造成了一定的社会负面影响。

（三）社会文化性受众研究

社会文化性受众研究对受众的主动性和选择性进行了肯定，受众对媒介的使用反映了特定的社会文化环境，同时也赋予了文化产品和文化经验特定的意义，因此，它的研究主要是以文化研究学派为主，如霍夫曼的编码/解码模式等。

融媒时代，由于媒介受到了频繁的使用，表现出多元性的特征，因此融媒时代的受众理论研究也呈现出了多元化，影像媒介影响着人们的日常生活，人们作为受众，同时又是表演者，内容的生产者与接收者融为一体。例如，许多网民喜欢在网上写博客，一方面网民通过这种方式进行情感的抒发，另一方面网民通过在网络上书写日志、晒照片等行为方式，从他人反馈的信息中对自己的形象有一定的认知。

融媒时代的受众研究应该更加多元化，新媒体使受众的自主性更强，传受关系更加模糊，所以受众研究应该在从商业利益角度探讨受众的同时，更注重从心理学、社会学角度探究受众。

二、融媒时代新闻受众的心理分析

（一）受众的心理过程

受众的心理过程是指受众在接触到媒介信息后，会在头脑中对其进行理解和思考，并伴随着一定的情感体验。而且，受众的心理过程以性质为依据，可以细分为认识过程、意志过程和情感过程三个方面。

1. 认识过程

人们在对外界事物进行认识时，通常需要经过感觉、知觉、记忆、思维、想象等心理过程，这便是认识过程。受众在接触到媒介新闻信息后，首先会对新闻事件的基本要素和概貌进行一定的了解和认知，即形成一定的感性认识；接着会在头脑中分析、综合、推理、判断新闻信息，即进行由浅入深的思维过程。

受众对信息的接收，还具有一定的积累性。也就是说，受众过往接触过的信息会储存在记忆中，当再次接触到同类信息或是与过往信息相关或相矛盾的新信息时，就会将相关的信息从记忆库中提取出来，与当前的信息进行比照，进而得出某种结论或形成某种认识。

2. 意志过程

意志过程是指人们按照自己的意愿，自觉确定目标和制订计划，支配和调节自己的行为，克服困难，力图创新，以达到预期目的的心理活动，体现了人们的主观能动性。

受众在对新闻信息进行寻找和选择时，通常会带着一定的动机或目的，而且会试图将自己对新闻信息的看法反馈给传播者，这便是受众的意志过程的体现。

3. 情感过程

人们在对客观事物进行认识时，总会表现出一定的态度以及高兴、舒畅、愉悦、满意、气愤、厌恶、同情、不满等主观情感，这便是情感过程。

受众在面对不同内容的新闻时，往往会表现出不同的情感体验，如因看到非法分子被绳之以法的新闻而感到解气，因看到强权欺人的新闻而感到愤怒等。正是在受众的情感过程中，新闻报道的传播效果才得以实现。

（二）受众的心理表现

1. 求真心理

受众希望获得真实的信息，而人们在接收新闻前就存在着一个基本的假设：大众传播媒介所传播的新闻信息是真实的。一旦新闻报道违背了这个前提，受众便会产生受欺骗和被愚弄的感觉，这也是新闻传播的大忌。由此可见，受众接触新闻的首要出发点就是获得真相。新闻媒介是环境的监测者，它通过敏锐的触角为公众提供第一手的关于环境变动的信息。在纷繁复杂的社会现实中，受众希望借助新闻媒介了解现实真相，为自己的决策提供参考。求真不仅包括知道究竟发生了什么事情及事情的经过和结果，而且包括了解为什么会发生这些事情。真相的公布满足了受众的知情权，能消除受众的疑惑，避免不必要的猜测。

2. 求知心理

人的认知过程是指人认识外界事物的过程，对于新事物的认知渴望，是人基本的心理反应。现代社会中拥有大量的信息，为了自身的生存和发展，及时认知这些信息，汲取对自己有用的信息，以便随时调整自己的行为或调适自己的需求，适应外部变化的环境，对于自身的发展具有重要的影响。受众对媒介的选择，很大一部分原因就是为了获取知识，弥补自身的不足，因此，新闻传播媒介需要根据受众对知识的渴求来传播信息。

3. 求新心理

新闻通常具有一定的时效性，过时的新闻往往无法引起人们的兴趣，这便体现了受众的求新心理。在新闻传播活动中，受众的求新心理具体体现在两个方面：一是追求新的新闻内容；二是追求新的新闻报道手法。这就要求新闻传播者要深入社会生活，积极对新的题材进行挖掘，并不断尝试新的新闻报道手法，以满足受众的求新心理。

4. 求趣心理

随着后工业化社会的到来，人们不仅有获得实用信息的需求，也希望能从新闻信息中找到乐趣。再加上现代人生活节奏快、工作压力大，在休闲时间，人们希望能放松心情、舒缓压力。在这种情况下，硬新闻难免显得单调而枯燥，有趣的、轻松的、有人情味的、故事性强的软新闻能给受众带来一种轻松的体验，使压抑的情绪得到某种程度的宣泄。

5. 求同心理

人是社会的人，在社会中生存最重要的价值实现就是得到他人的认同，而被他人排斥或否定则会打击人们的自信心。因此，受众总渴望得到别人的认同，具有一种求同心理。在新闻传播过程中，受众对于自身感兴趣的信息或是与自身利益息息相关的信息则会特别关注，也就是说对于与自身有着一些共通因素的信息更能引起受众的共鸣，比如与自身的观点相似，情感上能够产生共鸣以及与自身生存发展相关的新闻信息等的传播，更容易使受众接近、感兴趣。因此，媒介要注重根据受众自身的现实条件来传播相应的信息。

6. 求近心理

求近心理指新闻受众在接收新闻时，对与自身状态比较接近的新闻表现出的一种“认同”心理趋向。在这种心理趋向影响下，受众在接收新闻时表现出极大的能动性。接近性包括生活认识和生活意义的接近性、地域的接近性、文化的接近性及情感的接近性。新闻报道具备一种或多种接近性，受众常常表现出集中选择和认同的趋向。认同的更高一层表现是“共鸣”，所谓共鸣，即受众对感兴趣的新闻表现出的持续兴奋状态和强烈的感情升华，并相互感染形成连锁的情绪效应和社会影响。

第三节　融媒时代新闻传播的受众定位

融媒时代新闻传播的受众定位是指在融媒时代对新闻媒介的目标受众进行确定，并在分析新闻媒介市场以及媒介产品市场占位的基础上做出科学、合理的决策。

一、融媒时代新闻传播受众定位的重要性

经济学理论认为，市场需求深受人口、购买力和购买意愿三个因素的影响。而在这三个因素中，最为重要的是人口。通常来说，当购买力、购买意愿相同时，人口的规模越大，消费者的数量越多，市场规模越大，市场消费需求也就越高。

在新闻传播活动中，媒介产品的消费者便是受众，而对受众进行定位就是对市场进行定位。只有准确地对受众进行定位，才能更好地把握目标市场，进而促进现代新闻事业的快速、健康发展。

二、融媒时代新闻传播受众定位的原因

（一）受众自身发生了巨大变化

我国在进行社会转型和体制转轨的同时，原有的社会群体内部也随之产生了一些新的阶层。与此同时，伴随着改革开放的不断深入，新的阶层也不断产生。而在社会阶层日益多元化的影响下，受众对新闻信息的需求变得多种多样。这不仅使得新闻传播受众市场的分割越来越严重，而且在一定程度上促进了新闻传播受众市场进行重新组合。在这一趋势的作用下，新闻媒介越来越重视对受众进行细分与定位。

（二）受众市场的竞争日益激烈

自改革开放以来，我国经济得到了快速发展，科技水平也有了很大的提高。在这一形势的影响下，新闻媒介获得了极大的发展，从而使我国的新闻传播事业发生了重大变化，具体来说表现在两个方面：一是新闻媒体的数量有了快速增长；二是新闻媒体的种类得到了极大增加，报刊的种类快速增加，还出现了数字电视和互动电视。在此影响下，新闻媒介之间的竞争日益激烈，而且一家新闻媒介将所有的受众全覆盖的想法越来越不现实。于是，新闻媒介不得不重新确定最适合自己的目标受众，并采取有效措施尽可能争取目标受众。

在新闻媒介之间竞争日益激烈的同时，受众对新闻媒介有了更大的选择空间和选择余地，从而促使我国的新闻传播事业逐渐由卖方市场转变为买方市场。而在买方市场逐渐形成的过程中，新闻媒介的经营日益意识到通过受众定位来促进自身发展，进而在激烈的新闻媒介竞争中脱颖而出的重要性，并积极着手进行受众定位。

三、融媒时代新闻传播受众定位的方法

融媒时代新闻传播受众定位的方法主要包括以下几种。

（一）动态定位法

由于新闻媒介的受众群体不是一成不变的，而是处于不断的变动和分化中的。因此，新闻媒介在进行受众定位时，可以采用对这一现象有充分考虑的动态定位法。所谓动态定位法，就是新闻媒介在进行受众定位时不能一劳永逸，而要在不断实践的基础上进行科学和可行的定位。

（二）分层定位法

分层定位法是指新闻媒介的各层次分支依据影响受众需求的要素进行逐步逐层的定位。当前，电视频道在发展与运作的过程中应逐渐走向专业化，这已成为电视媒介的共识。电视频道要想向着专业化方向发展，首先要进行准确的频道定位。而能否准确地进行频道定位，深受受众分类细不细的影响。在进行受众细分的基础上，专业化频道定位要进一步明确核心受众、边缘受众和潜在受众。以中央电视台为例，在依据受众不同信息需求的基础上划分成了新闻频道、财经频道、体育频道、综艺频道、电影频道、电视剧频道、戏曲频道、少儿频道等专业频道。具体到某一频道如体育频道来说，广大的体育爱好者是

其核心受众，而休闲、旅游等类型节目的适当配置又为其赢得了数量不少的边缘受众。因此，专业频道的受众定位要做到“宽窄适度，范围适中”。

（三）综合定位法

综合定位法是指根据影响受众定位的两种或两种以上的因素进行受众定位。当前，新闻媒介想仅仅依靠影响受众定位的一种因素就准确地进行受众定位是几乎不可能的，必须要对几种因素进行有机组合。这既是由新闻媒介自身的特点决定的，也是由受众市场的需求状况决定的。

四、融媒时代新闻传播受众定位的转变

在新媒体日益扮演重要角色之后，诸多新媒介的使用者难以用传统意义上的“受众”概念来进行指称。“受众”一词失去了明确的指向性，因而“用户”的概念逐渐被引入传播学领域，融媒时代新闻传播受众的定位因此也发生了以下几方面的转变。

（一）从匿名群体到真实个体

在传统的大众传播理论中，受众常以匿名的和不具个性的客体出现。虽然有些受众成员偶尔也会通过各种形式直接或间接地参与新闻媒体工作，但总体而言，受众对于新闻媒体来说，是一种笼统的、隐蔽的存在。

在融媒时代，互联网用户越来越难以隐匿自己的形迹；而从主观方面看，用户在网络中呈现自己真实、固定身份的意愿也日趋增强。如今，只要对某个人有兴趣，就可以阅读他的博客，订阅他的网摘，通过社交网站等方式熟悉他的朋友圈子、接触他的人际关系网，通过豆瓣网了解他在读什么书、看什么电影，通过微信朋友圈欣赏他的照片、了解他的动态等。更为关键的是，各种平台和渠道都在竭力相互融合、相互贯通，努力让用户通过一个入口就能走进某一个用户的全部个人世界。

由此可见，匿名性绝非互联网用户的特征。随着网络和新媒体的广泛应用，用户越来越倾向于有选择地公开个人隐私，把现实生活中的自己呈现于互联网，塑造一个真实的、固定的个体身份。

（二）从消费商品到生产商品

融媒时代，受众作为媒介商品消费者的身份逐渐发生了改变。受到全球化的影响，多元价值观在经济全球化的多元文化互动中得到更多的文化认同。传统媒体消费者作为“被

动的信息接收者、目标对象”的角色逐步被“搜寻者、咨询者、浏览者、反馈者、对话者、交谈者”等新角色所取代。“用户生成内容”概念的诞生与日益流行，正是这种身份转换的标志。用户生成内容主要是指用户通过不同的形式在网络上发表自己创作的文字、图片、音频、视频等内容，它是一种新兴的网络信息资源创作与组织模式。由此可见，在融媒时代，用户已由消费者逐渐向网络产品的生产者转变。

（三）从被动接收到主动获取

进入融媒时代之后，互联网逐渐打破了传统大众媒体对信息源的主导地位，互联网用户拥有了获取信息的主动权。随着互联网的快速发展，世界各国、各地区的联系日益密切。它对传统的地缘政治、地缘经济、地缘文化的概念具有很强的冲击力，形成了以信息为核心的跨国界、跨文化、跨语言的全新虚拟空间。相关调查表明，互联网已经成为大多数人获得新闻和信息的第一来源，而利用电视、无线广播、报刊等媒介获取新闻的比例呈现下降的趋势。这主要是因为，新产生的信息大多是数字化、网络化的，而原有的重要信息也经历着被数字化、网络化的过程。互联网的运用，为人们快速找到自己所需要的信息提供了便利。互联网从根本上改变了人们在接收信息方面的被动地位，用户可以根据自己的需要选择有效的信息。另外，互联网用户可以自由地选择他们想看、想读、想写的信息。这种选择，无论是对信息内容的选择，还是对信息的接收形式、接收时间、接收顺序的选择都极具灵活性，用户主动获取信息的渠道逐渐多样化。

（四）从接收信息到传播信息

融媒时代，随着互联网技术的使用和推广，用户具备了成为信息传播主体的条件。数字技术使传者与受者的位置互换、重叠、界限模糊，传播活动逐渐“去中心化”。信息传播交互的每一个节点上都可能是一个传送或接收的中心，传播活动早已不再是自上而下的单向式传播，而是呈现信息传播的双向结构和网状结构。相比之前，人们进行传播活动更加便捷、高效，每个用户都可以在对话中实现决策参与，成为传播活动的主体。

互联网用户作为信息的传播者，其主要传播特征即自媒体表达。每天人们通过论坛、博客、微博等渠道发表的言论达数百万条。这是一个庞大而独立的自媒体群，每个人在即时化的海量信息传播中，模糊了个人媒体和传统大众媒体的边界。

社交媒体和其他自媒体平台为普通人提供了一个广泛传播观点和信息的渠道，这对维护权益、实行监督和观点交流等方面产生了深远的影响。首先，社交媒体的崛起赋予了普通公民发声的机会。任何人都可以创建自己的博客、社交媒体账号，发布他们的观点、评论和见解。这种开放性的平台使普通人的声音能够被听到，而不再依赖于传统媒体的选择。此外，自媒体也加强了社会监督，这种监督作用可以帮助维护社会的公平和正义。最重要的是，自媒体成为观点交流的重要场所。普通人可以在社交媒体上分享他们的看法和观点，与其他人进行互动和辩论。这种开放性的交流有助于促进多元化的思想和理念，丰富了公共讨论的内容。总之，普通公民在自媒体领域表现出的活力和影响力一定程度上改变了信息传播和社会参与的方式。当然，也需要注意信息可信度和虚假信息的问题，以确保自媒体的积极作用能够充分发挥。

（五）从受众反馈到用户体验

目前，人们认为，受众是新闻传播的积极参与者，而受众对于新闻媒介整个运作的参与，主要是通过以各种形式的反馈向记者、编辑和媒介的决策者表达他们的意见和期望来实现的。受众对新闻媒介最经常、最权威的评价就是对各种各样媒介的接触程度，即报纸的发行量、电台节目的收听率、电视节目的收视率。发行量、收听率、收视率是新闻媒介的生命线，而受众控制着这条生命线。在我国，随着市场经济的深入发展，受众得到了真正的重视和尊重。当新闻媒介真正走向市场、参与市场竞争以后，新闻媒介的从业人员才懂得，受众是新闻媒介得以顺利运行的主要力量。然而，受众对于新闻媒介来说，是一种模糊而微弱的存在。受到各种因素的影响，传统媒体受众的反馈手段仍比较落后，反馈通道不够通畅，反馈信息量小，速度也慢。

随着“体验经济”概念的提出，人们对体验经济的产生以及体验经济对社会生活产生的影响进行了研究。用户体验被定义为“人们对于正在使用或期望使用的产品、系统或者服务的认知印象和回应”。这一概念最初运用于 IT 应用设计领域，但由于其他行业的竞争背后也普遍存在用户体验的竞争，因此这一概念逐渐被推广。它主要包括产品或服务的象征意义、产品的易用性、产品的功能、产品提供信息的准确性和合理性。互联网时代的用户体验具有如下特征：

第一，用户的参与性需求提高。互联网时代的用户不仅仅关注信息本身，更关注其来源以及获取途径。相较于结果而言，用户更重视过程。因此，信息服务应该具有开放性、互动性。

第二，用户的个性化需求提高。“体验”因其独特性使自身成为一种相对稀缺的资源，而突出个性化是用户体验最大的特点。因此，要针对用户个性特征以及具体的需求来为用户提供相应的信息服务。

第三，用户的情感性需求提高。用户在关注信息服务内容和质量的同时，更注重情感的愉悦和满足。他们更注重整个消费过程的环境、信息关联度以及技术条件支持带来的真实感受。

随着互联网的普及，网络用户的地位发生了明显的转变。在传统的传播结构中，“反馈”一词反映了受众处于被动地位。而在新媒体环境下，相较于“反馈”而言，“体验”的概念更能对用户在传播结构中的地位和角色进行准确的描述。互联网传播的交互性对旧有的传播方式而言是一场革命性的突破。在互联网中，用户享有前所未有的参与度，媒体和用户形成充分的双向交流。

第四章　融媒时代新闻传播的业务

第一节　融媒时代的新闻采访

一、新闻采访的概念

“新闻采访”的含义可以从狭义和广义两方面理解。狭义的新闻采访主要是指面对面的问答式访问。它广泛运用于广播、电视、报纸等新闻采制过程中，而且在网络媒体的报道中也得到了越来越多的运用。广义的新闻采访，是人对客观事物进行认识的一种活动，是新闻工作者对客观事物全面、详细的调查和了解，也就是我们所说的调查研究。进行采访的目的主要是发现、了解事实和选择新闻素材，并挖掘新闻价值。记者通过采访可以发现和落实新闻线索，获取最新的材料，与此同时，记者也可以借助感性认识，获得比较深刻的现场感受，通过动人的情节和细节引起受众的关注。

新闻采访是全部新闻工作顺利开展的前提，是每个新闻工作者必须掌握的基本功。采访的过程是对原始、散乱的事实进行搜集、整理、分析、综合的过程，新闻记者通过采访，为其写好新闻报道奠定了扎实的基础。

二、新闻采访的特点

新闻采访主要存在以下一些特点。

（一）政策性

新闻报道以宣传党的路线、方针、政策为基本任务。因此，在新闻采访过程中，记者往往具有较强的政策观念，心中会时刻装着政策。

（二）新闻性

新闻是对新近发生和发现的重要事实的报道。记者在采访时，一般都会着眼于“新”，抓住那些具有新闻价值的新信息、新事实。

（三）时效性

新闻采访要求快，讲究效率，这是由新闻的时效性决定的。尤其是有重大新闻发生后，记者要迅速赶到现场，迅速采写，迅速报道。

（四）公开性

新闻采访的成果，除一小部分以“内参”形式供有关领导参阅外，多数要写成报道，公开传播。所以，记者在采访时就要考虑内外界限，考虑公开传播的一些特殊要求。

（五）全局性

新闻传播要面向公众，面向社会，因此记者在采访时要有全局观点，要从全局出发，去发现那些在全局上有意义的事物。是非曲直、利弊得失，都要放到全局上去权衡，从而做出正确的选择。

（六）广泛性

其他行业的调查研究往往限于本行业的事情，新闻采访则不受某一行业的限制。只要是人类存在着、发生着的事情，都可能成为记者采访的对象。

（七）连续性

这里的连续并非一般意义上的天天调查，而是指对某一具体事物发生、发展过程进行连续不断的调查。一些重大事件的报道和典型报道尤其需要这种连续性。

三、新闻采访的要素

新闻采访的要素主要包括采访目的、采访对象和采访主体三个方面。

（一）采访目的

通常来说，新闻采访主要是为了报道，向大众传播一定的新闻事实。记者要把广大受众感兴趣的事实传播给他们，把他们的意见、呼声和要求反映给政府，同时也要把政府的决策、方针等通过新闻报道传达到人民群众中去。总之，新闻采访主要起到一种传达信息、进行沟通的作用。具体来说，新闻采访的目的是迅速了解到典型的、有新闻价值的客观事实。唯物论的新闻本源观表明，事实是新闻的本源，新闻是对事实的报道。事实是第一性的，新闻是第二性的。因此新闻要以事实为基础，记者采访最主要的目的就是通过多种手段获取新闻事实。记者通常会把在采访中遇到的“观点”“形象”归结到事实中去。记者采访所从事的主要工作就是发现事实、了解事实、选择事实、核对事实、体验事实、追踪事实。

（二）采访对象

采访对象主要是记者采访所涉及的人物、群体。广泛来说，记者在采访过程中获取情况和意见的来源，以及那些以不同的方式向记者提供信息的人，都可以被称作采访对象。记者对采访对象进行采访是获取新闻线索、收集信息、核实事实材料的主要方式。记者在采访前，应对采访对象有一定的了解，针对采访的目的，制订一系列的采访方案，保障顺利获取新闻事实。采访对象的范围非常广泛，最基本的采访对象是新闻事件的当事人、知情人。除此之外，记者主动采访询问的人以及主动向记者提供事实和信息的人都属于采访对象。

（三）采访主体

新闻采访的主体通常是指专职的新闻记者，在新闻机构中主要负责采写新闻报道。记者又细分为内勤与外勤。外勤记者主要指专门在外从事采访写作的人员；内勤记者主要是指从事编发新闻的编辑等人员。而通常所说的记者主要是指外勤记者，他们被分为多种类别，从不同的角度有着不同的划分，具体如下：

第一，按照新闻的媒介，可以分为文字记者、摄影记者、广播记者、电视记者、网络记者等。

第二，按照采写的内容，可以分为政治记者、经济记者、文化记者、科教记者、文艺记者、体育记者、军事记者等。

第三，按照采写的地域，可以分为本埠记者、地方记者、驻外记者。

四、新闻采访的原则

新闻采访应该遵循一定的原则，概括来说，这些原则主要包括以下几方面。

（一）真实性原则

新闻采访的真实性原则主要是指新闻工作者在采访过程中要真实、客观地记录新闻事实。贯彻这一原则，新闻工作者在采访中应注意以下几点：

第一，在采访的过程中，新闻工作者必须尽可能地遵守客观原则，尽量摒弃自己的主观评价，客观地观察、倾听。这是因为记者的主观意识往往会驱使其选择性甚至扭曲地报道新闻事实，大大降低新闻的真实性。

第二，采访新闻人物时，新闻工作者应当与所采访人物进行真诚的交流，客观、真实地反映所采访人物的真实想法，切忌对所采访人物说的话“断章取义”，或者刻意曲解所采访人物的真实想法。新闻记者也不应当刻意引导所采访人物按照自己的意图发表观点、看法，只要使采访对象就某一主题畅谈自己的观点即可。

第三，采访事件性新闻时，新闻工作者要利用各种工具，如照相机、摄影机等，真实地记录新闻事件发生、发展的过程及过程中的细节。由于新闻事件本身的复杂性或人为因素，很多时候展现在记者面前的是表面或虚假信息，这就需要记者有较高的辨别能力，同时通过深入细致的调查，发现事件的真实情况。

（二）竞争性原则

近年来，随着网络媒体的大力发展，新闻媒体之间的竞争越来越激烈。一旦有重大新闻事件发生时，各家报社、电台、电视台的记者就会蜂拥而至，争分夺秒地拼抢“最先报道”“独家报道”。此外，一些社会热点人物也是新闻记者争抢的对象。面对激烈的竞争，记者要想顺利完成采访任务，首先应保证采访的时效性，也就是说要在新闻事件发生后第一时间赶到事件现场；其次要创造性地采访，从独特的角度对那些社会热点人物进行采访。

（三）满足受众需要原则

新闻记者在采访过程中，是代表背后的受众在进行观察、提问和探寻。因此，新闻记者必须基于受众的需要，采集受众需要的信息，满足受众需要。

满足受众需要，新闻记者应当树立正确的新闻价值观，选择性地采访报道，积极满足受众的正当需求，并引导受众的需求。同时，新闻记者应当在采访前明确，目标受众是谁，以及他们想知道什么。

（四）法律底线原则

新闻记者在采访过程中不能触碰法律底线，这是最基本的要求。贯彻法律底线原则，新闻工作者应当尤其注意以下两个方面：

第一，在采访过程中，新闻记者不能侵犯采访对象的各种权利（如隐私权、名誉权等）。侵权行为会受到法律的制裁，因而新闻记者必须熟知并严格履行相关的法律法规。

第二，新闻记者不能利用新闻采访牟取非法利益，不能私自制造虚假新闻等，严重者必然受到法律的制裁。

五、新闻采访的首要条件

新闻采访的首要条件就是消息源，它是指新闻所报道的事实材料（包括援引的观点、相关背景等）的来源出处，即从什么渠道、由何人提供了这些材料。消息源是新闻传播活动的第一个环节，许多报道是由六七个甚至更多的消息组成的，其构成并还原了新闻事实的片段与层次。

（一）判断消息源是否可靠

随着网络的兴起，新媒介的发展大大提高了普通大众与媒体的黏合度，一方面，有一些人会借助贴吧、微博、论坛这样的平台来向新闻界爆料，或是想引起媒体的关注，或是将提供新闻线索当作某种职业；另一方面，为了应对激烈的新闻竞争，媒体逐渐建立起了商业化的运作体系。在此过程中，一些媒体推行了“有奖征集新闻线索”的方式，倚仗“草根记者”的爆料来发掘新闻。

消息源的获得还需要记者凭借自己的新闻敏感去从可能的新闻场域中获得有价值的线索，找到合适的新闻源。无论怎样的消息源，在寻找并最终确定时，记者必须要保持足够的理性意识，对消息源的可靠性进行判断，只有可靠的新闻消息源才能保证新闻的可信度。

所谓消息源的可靠性，首先是看这些消息来源本身是否真实存在，其次是看消息源所提供的情况是否属实，表达的观点是否公允。在通常情况下，新闻报道中要明确消息源的姓名、身份、职业以及与事件的关系等要素，表明确有其事，使读者信服。交代消息源的相关信息既是对新闻可信度的保障也是对消息源的尊重与制约，在一定程度上规避了纠纷。当然，在很多简要消息中，可能不出现消息源，但这不等于它们没有消息源，只是按照惯例消息源在编排中被省略，该新闻的编辑依然需要了解这些报道的新闻来源。

值得注意的是，记者也可能被消息源恶意利用。一些所谓的“新闻线人”，作为消息源的一种，其提供的信息因为掺杂了爆料者个体情感等复杂的内在原因，可靠性可能会比较低。一些人主动接近媒体，将媒体视作自我申述与抗辩的工具而提供所谓的“新闻”。这种情况下，记者尤其要注意，不能仅仅被其中的新闻点吸引而丧失自己的独立判断，陷入消息提供方的单一话语中，而是应该对“线人”的报料遵循“虚假推论”的原则，通过“证伪”的方式，深入实际调查研究，判别真伪、辨析虚实、分清是非、确定取舍。如果一个记者完全按照“线人”提供的情况撰写报道，那么可能存在失实的危险。

（二）选择多少消息源

中立、客观、公正是记者在新闻工作中应秉持的立场。选择怎样的消息源，引述谁的观点直接影响了新闻的倾向性，如果选择不当，很有可能让新闻传播者陷入因事实不清、观点争议而产生的纠缠和麻烦中。

在新闻工作中，为了规避消息源选择不当带来的问题，记者要坚持消息源多样性与丰富性的原则。这首先要求记者在开展工作时不能过于依赖单一消息源，仅凭一家之言会降低消息的可信度，更会削弱新闻传播的效果。其次，多样性和丰富性的原则要求记者在选择时不仅要注意消息源的数量问题，而且也要重视对消息源质量和层次的把握，如果有关事件的情况只是由同一个阶层或团体的信息源提供，那么，其可靠性也会受到影响。

通常来说，可以将消息源大致分为同质消息源和异质消息源。同质消息源是指对同一事件持有相同或相近的观点，异质消息源是指对同一事件持有不同或相反的观点。对重大而又真相不明、众说纷纭并且具有争议的事件，记者在报道时应该充分考虑到不同观点和陈述，采用异质消息源，努力客观公正地再现事件。记者应善于根据新闻报道内容的需要对不同类型的消息源加以区分运用，在对其他消息源进行佐证时，可以使用同质消息源来进行核实，因为对一个事件如果只有一个人提供情况，可靠性可能会受到质疑，而很多其他的消息源都能提供大体相同的陈述时，其可信度无疑会大大提高。

当新闻内部出现冲突，涉及对立的双方或者几方时，记者不能被一个消息源牵引，偏听偏信，而是要在同质消息源外从对立面寻找异质消息源，引入对同一事件不同甚至是完全相反的观点与陈述，努力客观公正地再现事件。异质消息源的使用有助于还原复杂事件的层次与全貌，是新闻业界遵循的原则。

新闻记者还要注意，选择的消息源必须来源于新闻现场，应选择与新闻事件密切相关的对象，切不可含糊了事。

（三）尊重与保护消息源

通常情况下，要求对新闻消息源的姓名、与事件的关系等信息进行披露，但如果消息源本人要求隐姓埋名，新闻传播者应予以尊重与保护，对此加以规避，通常用匿名消息源，即用一些比较模糊和抽象的言辞来交代消息来源，如“据有关部门介绍”“从有关方面获悉”“据权威人士透露”“一位要求不披露姓名的人士说”“他以不透露姓名为条件对本报记者说”等。

使用匿名消息源的报道往往涉及事关公共利益的重大新闻事件，使用匿名消息源是因寻找不到其他消息来源而采用的“权宜之计”。匿名消息源必须能对事件提供明确信息，猜测、质疑性质的消息源不能用来作匿名处理，并且消息提供者的姓名与身份一旦公开，会带来非常不利的后果，比如危及生命安全或名誉。在揭露性新闻（调查性新闻）中，这种情况出现较多。在涉及重大事件、关键线索时，如果没有更好的办法，采用匿名消息源是必要的，但如果过分依赖于此，可能会造成新闻的失实失真。所以，在采用匿名消息源时，尤其需要谨慎，由于此类消息来源的姓名不公之于众，身份无法确认，这样他们不需承担任何责任，也不会有任何名誉损失，记者在权衡是否采用时必须要把握好其中的分寸。

六、新闻采访的方法

（一）电话采访

电话采访指记者通过电话与采访对象进行对话，以获取新闻信息的方法。新闻报道非常讲究时效性，争分夺秒常常是新闻竞争的关键。而电话采访最大的优势就是快捷，因此，这种采访方法在新闻采访中也非常多见。

电话采访多用于突发事件的现场连线，可以在事件发生的第一时间采访有关人士。它打破了时空限制，有利于提高工作效率，赢得时间，是一种非常有效的采访手段。记者利用电话采访也可以搜集国内外对重大新闻事件的反应，广泛调查社会焦点，跟踪采访已报道的新闻事件，向新闻当事人核实事实等。

（二）网上采访

随着当今互联网的高速发展，记者的采访活动也延伸到了网络上。网络的即时通信工具能够帮助记者与一个或多个采访对象同时进行文字、声音或图像的即时交流，完全打破了时间和空间的限制；记者也可以利用网络进行文件的传输、连线新闻现场等，可见，网上采访的效率是比较高的。不过，网上采访容易受到真实性的考量，记者应当慎用。

（三）现场采访

现场采访是指记者直接进入新闻事件现场，直接面对采访对象进行采访的一种方法。

采用现场采访方式时，记者需把握好提问和观察两种渠道。

1. 提问

提问是指由记者口头提问，采访对象回答，采用一问一答的形式获取所需的新闻信息。通过提问，记者可以从事件的见证人口中得知事件的发生、发展过程以及可能的后果，也可以直接了解采访对象的思想、观点。这种渠道能够使记者直接、便利地获取信息。不过，提问容易受采访对象主观性的影响而出现信息真实度低的情况。因此，记者要将提问与其他渠道结合起来使用。

2. 观察

观察也是记者采用现场采访方式时所用到的一个重要信息渠道。通过在现场的细致观察，记者可以发现重要的细节性信息，抓住深入报道的线索。观察也可以帮助记者辨别真伪，尽量减少人为因素对新闻事实的干扰。

（四）书面采访

书面采访是指记者在不能与采访对象面对面交谈的情况下，通过书面提问的形式进行采访，得到书面答复的一种方法。这种方法具体适用的情况主要有以下几种：

第一，采访对象需要提供大量的资料。

第二，采访对象没有时间接受记者的面对面采访。

第三，采访对象在外地，记者没有办法前往，但又必须进行采访。

书面采访能够给采访对象以充分的考虑时间，为记者提供翔实的资料信息；能够突破时空界限，就同一主题在同一时间采访不同地区、不同国家的许多人，获取全方位的信息。有时候，书面采访还是一种很好的补充采访的方式，能够帮助记者向采访对象核实信息。

（五）体验式采访

体验式采访是指记者以采访者和当事人的双重身份进入新闻现场，亲身经历新闻事件，体验新闻事实，或是亲自体验采访对象的生活和工作，了解采访对象。与其他采访方法不同的是，体验式采访强调记者身份的双重性，强调采访过程的参与性，强调采访内容的体验性。在体验式采访中，记者能够真实地记录新闻信息，获得第一手的信息。体验式采访主要适用以下一些情况：第一，反映凡人琐事、凡人新事的情感世界；第二，揭示重大历史事件；第三，反映某些特定的采访对象；第四，探索某些社会问题、社会现象。体验式采访又可以分为显性的体验式采访和隐性的体验式采访两种。

显性的体验式采访是指记者在采访中向采访对象公开自己的身份和表明采访目的的一种采访方法。它适用的范围比较广。不过，由于采访对象知晓记者的身份，因而或多或少具有表演的成分，甚至出于某种目的会刻意隐瞒事实，大大降低采访的真实性。

隐性的体验式采访是指记者不公开身份、不暴露采访目的，通过模拟某种社会角色获取新闻事实的一种方法，也被称为“暗访”。隐性采访是一种特殊的采访方法，在伦理和法律上有较大的争议，也具有较大的风险性，因而近年来新闻主管部门也加大了对隐性采访的限制。作为记者，如果一定要采用这种方法，那么就必须事前做好周密安排，在进行中要胆大心细，事后要及时总结。

七、新闻采访的展开

（一）访前准备

在新闻采访活动正式开展之前，访前准备是十分必要的。概括来说，访前准备就是要求采访者在对采访对象进行采访之前，尽可能多地搜集和了解有关采访对象的资料，了解其相关的背景，以便于记者在新闻现场进行更好的发挥。访前准备能够使采访者对采访对象有一个初步的了解。记者往往直到采访开始前才见到采访对象，之前很少有机会与其接触。那么，如何快速而自然地进入话题，如何找准采访对象的话题兴奋点，如何与采访对象营造起彼此信任、轻松的交谈氛围，经常是记者遇到的难题。一名优秀的采访者善于搜集采访对象的相关资料，对采访对象的性格特征、兴趣、相关经历等有一个大致的了解，在直面人物时可以投其所好，从采访对象感兴趣的话题切入。

访前准备能够使采访者厘清采访思路，如采访的主题是什么，采访的核心目的是什么。采访者对于采访要有一个整体的设计，在采访过程中做到自如提问。特别是遇到一些特殊状况，如何进行灵活变化，进行访前准备是整理思路的最好机会。

（二）走进新闻现场

成功的采访，主要决定于记者成功的提问，包括问题的设计、提问的方式等。采访就是在采访者与采访对象之间的问与答进行的，而提问是采访的核心环节。经过采访前的准备工作，记者进行采访活动应带有明确的目的，以清晰的思路深入新闻现场捕捉有效信息。记者采访风格因人而异，但都以发掘新闻真相为目的，有的记者习惯单刀直入，在轻松开场后直接提出核心问题，而有的记者善于循循善诱，步步紧逼，使受访者无法躲避问题，给出明确的回答。不管怎样，记者在采访中，要善于追问、敢于追问，要有坚定的意志，明确真正的新闻点是什么，发掘真正有价值的新闻，而不能完全顺从采访对象的思路，追问是追求新闻真实的必要途径。

在对一个不易亲近的采访对象进行采访时，相对来说难度较大。但记者也正是在这样的采访中，提升了自己的能力与专业素质，而精心设计提问就是一项非常重要的素质。在提问前首先要进行深入的思考，才能保证采访对象给出最需要的答案。记者在提问这个环节上的素质和技能直接关系着采访的效果，从而决定了新闻作品的质量。需要注意的是，记者在采访中的提问是一种交际活动，提问总是针对当事人、知情者而提出的，具有明确的指向性。因此，记者在采访过程中，提问方式要委婉，要学会尊重对方。即使是对一名罪犯进行采访，也应尊重其人格和尊严，记者对他的采访是了解事实，而不是审讯和判决，应该在提问中保持客观，而不应对其人格进行蔑视。同样，对地位显赫的名人进行访问时，也应该持不卑不亢的态度，而不应卑躬屈膝，逢迎讨好。另外，在提问中，应该注意规避直接涉及个人隐私的问题，如果非得涉及，需要征得采访对象的同意，争取他的理解。

进入新闻现场后，记者除了要善于提问外，还要学会观察。观察可以给记者带来新的发现，新闻现场带给记者的灵感与体验往往会超出记者的预测，细致的观察有时会改变记者的采访计划，给记者带来新的想法。在一般的事件采访中，当记者赶到新闻现场时，往往已经错过了新闻事件发生的主要过程，只能捕捉到第二现场。尽管如此，第二现场还是会留下一些事件发生发展的痕迹，显示着新闻事件所产生的影响，记者通过对这些痕迹的细致观察和描述，可以使读者产生现场感。因为一方面这样会凸显记者的“在场”，另一方面，这些观察到的痕迹会与受访者对事件的讲述有所呼应，再现事件发生时的具体情景。

八、新闻采访的重点

新闻采访的重点包括以下几方面的内容。

（一）新事物

新事物，主要指的是那些符合历史发展和事物发展的客观规律和前进趋势，能给人们指明前进方向，具有强大的生命力和远大前途的事物。这种事物往往代表着一种新的生产关系或生产力，被广大群众接受后，就能推动社会的进步，给人类带来较大的社会效益和经济效益。作为记者，应当尤其关注这种事物，及时进行采访。具体来说，新闻记者应做到以下几个方面：

第一，善于发现新事物。尽管新事物是层出不穷的，但真正发现它并不容易。发现新事物，记者要对新事物有较高的敏感度。这种敏感通常需要记者具有较高的政治素养，对党的路线、方针、政策有深刻的理解，能够深入实际、深入群众，关心实际工作。

第二，敢于支持新事物。记者在发现了新事物后，还要面对敢不敢支持的问题。记者应当勇于将发现的新事物写成文字，进行报道。当然，记者要做好冒风险的思想准备。

（二）新动向

在新闻采访中，了解政治、经济、社会思想、国际方面的新动向是重中之重。

第一，政治新动向。新闻工作具有非常强的政治性特征，记者在任何时候都不应该忘记政治，要时刻关注政治方面的新动向。

第二，经济新动向。经济问题是关系国计民生、政治稳定、国力强弱的大问题。因此，经济领域的动向，如市场动向、物价动向、金融动向、股市动向等，除了专门关注经济的记者需要时刻注意外，其他记者也要高度关注。

第三，社会思想新动向。社会思想是人们在社会生产和生活实践中所形成的有关社会生活、生活问题、生活模式的观念、构想或理论等，其所包括的范围极其广泛。社会思想方面的新动向也是记者所不容忽视的。

第四，国际新动向。国际上的动向很多时候和国家中的很多方面都有密切关系，因此，国际上产生的新动向，除了驻外记者时刻关注外，国内记者也应当即时关注，并配合驻外记者进行报道。

总之，新闻媒体有责任把那些事关大局的新动向揭示出来，提醒人们注意，以便促进各种矛盾的解决。新闻记者要想抓住新动向，就应具有敏锐的洞察力，善于透过个别看一般，透过现象看本质，先于一般人抓住新动向。

（三）新问题

旧矛盾解决了，新矛盾又在前头，社会中总会有各种各样的问题出现。不断解决新问题，能够大大推动事物不断地向前发展。因此，抓新问题也是新闻记者的一个重要任务。记者需要着重抓住的新问题主要有以下几种：

第一，对社会具有警钟意义的新问题。这种问题既有属于社会现象的，又有属于自然现象的。

第二，对生活具有影响意义的新问题。这样的问题有很多，大部分都涉及群众的切身利益，被广大群众所关注。

第三，对实际工作有指导意义的新问题。围绕党的中心工作，抓对中心工作有指导意义的新问题，是一条成功的经验，新闻记者应积极采纳。

（四）新风尚

新风尚是指在一定社会时期内，受到大众追捧的、主流的风气和习惯。记者抓新风尚的报道，由来已久。新闻媒体在舆论宣传上肩负着新的历史使命。因此，记者必须时刻关注新风尚，及时进行相关报道。面对新风尚这一新闻采访中的重点，记者应当努力做到以下几点：

第一，抓树新风的典范。由社会某些单位、团体发起，或由有关领导部门倡导、开展的一些意义重大而深远的群众性活动是树新风的典范，记者应当牢牢抓住。

第二，报道要有长期观点。这是指报道首先要解决的认识问题。

第三，用对比方法进行报道。记者在报道新风尚的过程中，应当既注重表扬好的，也注重批评不好的。

除了上述新闻采访的重点外，还有社会中各行各业的新成就，推动社会前进的新经验，以及具有新思想、新风尚、新创造、新事迹的人物等都是新闻采访的重点，记者要想办法抓住。

九、新闻采访的规范

（一）新闻采访要履行和遵守相关的法律规范

法律是由立法机关或国家机关制定，国家政权保证执行的行为规则的总和。法律其实也是一种社会规范，规范着人们的行为，指示人们在特定的条件下可以做什么、不可以做什么。对于新闻采访来说，要履行和遵守相关的法律规范，如果违反，就要承担法律责任，受到法律制裁。因此，新闻记者必须注意以下几个方面：

首先，记者要掌握相关的法律知识。从采访需要和服务采访出发，一般认为，记者应当具备“金字塔”式的法律知识结构。“金字塔”的最下层是指记者要对我国的法律体系的构成有大致的了解，掌握一般的法律知识；中间一层是指记者要对从事报道领域、行业等有关的法律有一定的研究；最上面一层是指记者要对新闻传播的有关法律规定精通并固守。

其次，记者要依法采访。这是指记者在掌握相关法律法规的情况下，根据相应的法律规定，明确自己的采访权，做出合法的采访行为。

最后，记者要守法采访。这是指记者应当知晓法律有哪些限制与禁止，要遵守这些限制和禁止，使自己的行为符合法律的规定。

（二）新闻采访要坚持正确的政治方向

新闻采访要坚持正确的政治方向，就应当注意以下几个方面：

第一，新闻采访在指导思想上必须坚持党性原则，通过坚定的党性体现出鲜明的阶级性。这种党性原则要求新闻记者必须无条件地站在党和人民的根本立场上，宣传党和政府的路线、方针、政策，不发表与党不一致的政治观点，不散布错误的言论，不散布任何危害安定团结的言论。

第二，新闻采访必须坚持马克思主义思想路线。例如，尊重客观事实、具体问题具体分析、理论联系实际等都是新闻采访所必须坚持的思想。

第三，新闻采访必须坚持群众路线，理论联系实际。我国的新闻记者肩负着向人民群众传达党的路线、方针、政策的任务，只有联系实际，联系群众，走群众路线才是正确的选择。

（三）新闻采访的自律与他律

自律就是自我约束、自我规范。新闻记者在采访过程中要遵守新闻事业的职业道德规范，对自己的采访行为进行自我约束和限制。

他律，即社会他律，是指来自新闻界以外的约束。公众或社会组织根据国家的相关法律、行业规章以及社会公德、职业道德等有关规定，会对记者的采访行为进行约束和限制。一般来说，社会他律主要通过抵制和监督对新闻记者的采访行为进行约束。

第二节　融媒时代的新闻编辑

一、新闻编辑的概念

新闻编辑是指贯穿于新闻传播活动中的、为实现预期的传播目的而进行的一系列专业工作的总称。它处于信息传播的枢纽位置，因而任何一个新闻传播媒介都离不开它。

二、新闻编辑的任务

根据新闻编辑的工作特性，可将新闻编辑的任务分为以下几个。

（一）把关任务

新闻编辑是新闻报道的总把关，因此，其必须承担相应的把关任务。为了避免和消除新闻报道的差错，正确引导舆论，新闻编辑在实施把关任务时，应当注意把握以下几个方面：

第一，编辑在把关过程中，要注意阻挡假的、劣的、错的东西，同时也要注意创造条件放行真的、好的、正确的东西。

第二，根据新闻编辑方针、报道计划和客观环境，通过认真取舍稿件或节目来把握新闻报道的方向。编辑切忌在审读（视听）和选择稿件或节目时，从个人好恶出发，滥用稿件取舍权，选出不能正确引导舆论的稿件。

第三，编辑在把关过程中，要非常慎重。因为编辑把关是在时间紧迫的情况下进行的，尤其那些身处于报刊付印、广播电视节目播出、网站页面展示前最后一道关口的编辑和总编辑，他们在审读（视听）和选择稿件或节目的过程中，稍有不慎就有可能酿成大错。这就迫使新闻编辑工作的把关必须一丝不苟。

（二）策划任务

新闻编辑负有策划的重任。这里的策划是指编辑对新闻工作中有关全局性的问题进行的判断和行动设计。这一重要任务使他们直接掌握着新闻媒体创办或改进的方向，直接影响新闻媒体产品的质量。一般来说，新闻编辑策划的内容主要包括：参与确定新闻媒体的编辑方针；负责制订新闻报道计划；具体安排和适时调整新闻报道的内容、数量、地位、报道方法等。

新闻编辑的策划根据层次进行划分，可分为三种：

第一，战略策划，即有关新闻媒体的总体策划。

第二，战术策划，即关于较长时期、一个较大范围的报道的策划。

第三，战役策划，即关于较短时间、一个较小范围的报道的策划。

在这三种策划中，战略策划指导战术策划和战役策划，同时又依靠战术策划和战役策划来实现。三者相辅相成，形成一个统一的策划系统。

（三）加工任务

加工任务是新闻编辑处理新闻稿件信息中，必须完成的一个非常重要的具体任务。加工并不是人们想象的仅仅是技术层面的简单劳动，而是具有一定专业性、创造性的劳动。这主要表现为新闻编辑不仅要修饰和润色具体作品的字句（声音或画面），而且还要制作标题、组织版面或页面、制作节目版块等。总之，在整个新闻编辑工作过程中，编辑人员都要进行一定的再创造。

新闻编辑的加工任务包含被动和主动两个方面。

从被动方面来看，编辑加工处理新闻信息时，既不能随意改变作者的本意，也不能随意改变原稿信息的风格，更不能主观臆造或任意篡改事实。

从主动方面来看，编辑通过对新闻信息的加工处理，提高整个报道的思想性、指导性和艺术性，最大限度地发挥新闻稿件信息中的新闻价值。因此，要充分发挥自己的潜能，对稿件进行再创造，如采用恰当有效的方式凸显稿件中最精彩的内容，使稿件变得更易于被受众接受，稿件在发表后能产生较大的反响等。

（四）发言任务

在新闻传播过程中，媒体需要适时发言。所谓发言，即对现实生活的各种问题表明自己的态度和立场，做出自己的客观评价和分析，从而引导受众去判断是非，认清方向。这是新闻媒体必须要承担的责任。新闻媒体发言主要是通过新闻编辑来进行的，因此，发言也就成为新闻编辑的一个重要任务。

新闻编辑的发言方式有很多，如直接发言（通过组织撰写各种评论来发言）、间接发言（通过发表来信、问答、工作访问、以作者名义写的言论、各类节目的解说词等来发言）、含蓄发言（通过标题的长短、字号的大小、次序的先后、位置的高低不同来表示稿件之间的轻重、主次的发言）、显性发言、篇幅长的发言、篇幅短的发言等。新闻编辑应该根据不同的新闻内容，不同的问题，不同的情况，灵活采用不同的发言方式。不管采用哪种方式，都必须以客观事实为依据，实事求是，同时注意说服力和感染力，使受众在乐于接受的同时受到教益。

（五）组织任务

新闻编辑往往是把各类分散的、孤立的稿件或报道串联起来，组织成为一个有机的统一报道整体，使之发挥最大的效应。可见，新闻编辑也承担着组织任务。从组织的范围来看，新闻编辑的组织任务主要有以下三种基本模式。

1. 宏观型组织

这主要针对的是一个较大规模、较长时期的新闻报道。对于这样的新闻报道，编辑要根据党和国家当前的中心任务，以及各媒体所分工的报道范围，在调查研究的基础上制订出报道提示或报道计划，然后组织各方面的力量加以具体实施。这种宏观报道的组织常采用连续报道、集中报道、系列报道等形式，主要由总编辑和编辑部主任负责。

2. 中观型组织

这主要针对的是报纸的一个版、网站的一个页面、广电的一个节目版块，以及一天的报纸、网站的一个频道内容或一个时段的广电节目。对于这一层面的新闻报道，编辑不能只是进行单篇稿（报道）或一组稿件（报道）的简单集纳，而要从整体上加以精心编排，如注重对稿件或报道的分类，注重内容的配置、版面（页面或节目版块）的安排能够体现一定的媒体风格等。

3. 微观型组织

这主要针对的是一组新闻报道。组织这种新闻报道，虽然涉及的稿件不多，但编辑需要严格根据稿件或报道间的互相联系，将若干具有共同性的稿件集合起来。常用的组织形式有三种：

第一，在同一条新闻标题之下，将几篇稿件或报道组织在一起刊发、播出。

第二，围绕一两篇稿件或报道，配发相关的评论、图片、资料。

第三，设专栏，即将几篇具有共同性的稿件或报道组织在一起，在报纸版面、网站页面或广电节目时段形成固定的格局。

三、新闻编辑的方针政策

新闻编辑的方针政策主要是对新闻编辑工作起指导规范作用。新闻编辑的方针政策，是对新闻传播内容与形式进行总体规划的，它是新闻活动需要遵循的原则和宗旨，它为新闻的编辑活动提供了明确的方向。编辑方针政策的相互关系主要体现在以下四个方面。

（一）锁定目标群众

这主要关系到新闻传播的接收对象是谁的问题，不同的新闻栏目都会有自己特定的目标群，新闻传播机构必须要明确这一点。比如，财经频道的节目，它所设定的目标群就会小一些，主要是针对部分的专业人士。综艺频道的节目，它的目标群就会大一些，因为旨在面向全国的老百姓，其内容也多是大众化的，接近百姓的日常生活。

（二）锁定传播内容

传播媒体有其自身的性质，编辑的方针政策会根据这一特性锁定相关的传播内容。比如，《人民日报》作为综合性的新闻传播媒介，它报道的范围十分广泛，接收新闻消息的读者群体也是十分庞大的。专门针对某一领域的传播媒介，主要是介绍一定领域的相关热点，而《中国经营报》更侧重于对企业经济的报道。

（三）锁定传播风格

传播风格是指传播的新闻在总体上所表现出来的风格特色。它同样与新闻媒体的性质、宗旨、目标受众有关系。尽管是对同一件事情进行报道，《焦点访谈》的宗旨是“让事实说话”，突出思想性，启发人们思考，而《新闻调查》则更注重“探寻事实真相”，注重揭露事件的过程，通过有悬念的组织安排故事情节来告诉观众故事的真相。

（四）锁定传播品质

这里所说的品质主要是指如何对新闻内容进行报道。对于新闻事件，传播媒介不只是把它原汁原味地摆在那里就可以，而是要进行一系列的加工，也就是如何把它以最佳的方式呈献给读者。对于一起故意杀人案件，有的媒体把它当成社会新闻来报道，有的媒体则通过深入的分析，揭示这起案件所说明的社会问题以及产生的不良影响，还有的媒体通过这起案件重点分析与之相适用的法律条文。这些都是由媒体的方针政策决定的。在锁定传播品质的过程中，还应该考虑到目标群众的文化程度、专业背景、知识水平，这样才能让新闻内容真正地发挥价值。

四、新闻编辑的流程

（一）新闻策划

新闻策划主要指的是新闻的报道策划，是对新闻报道整个流程的一个组织规划，包括报道的方式、手段、视角等，努力做到介入及时、开拓深、立意高，并往往具有“战役性”、系列性和专题性。这种策划贯穿于整个新闻报道的过程之中。新闻编辑的策划工作必须要全面统筹，整体把握整个事件的发展脉络，精心设计每一个报道环节，并在实事求是的基础上调查研究。一般来说，新闻策划主要关注的事件包括以下几方面：

第一，关注带有周期性的选题和对一些重大事件的追踪报道，如两会召开、奥运会举办、特大事件纪念活动这类新闻。

第二，关注重大突发事件的后续报道，如矿难、洪水、地震等，这些事件发生后，新闻传播者要弄清楚其发生的原因、经过、结果，并且对如何报道该事件做出详细的计划。

第三，追踪报道重要事件，这主要是考虑到新闻事件的复杂性和相关性而采取的系列报道的方式，使事件的来龙去脉更加清楚明了。

（二）新闻报道

新闻报道需要新闻编辑与记者进行密切的合作，以此对新闻报道产生全方位的影响。概括来说，新闻报道主要包括以下几方面的内容：

1. 调控报道

在新闻报道的过程中，客观条件总是存在着差异，新闻编辑部应该考虑到这种差异及时地进行调控，调节事件报道的进程，以达到最好的报道效果。调控报道的主要内容有接受反馈和调整报道两个方面。调整报道的依据就是接受反馈，这些反馈包括从事报道的记者的反馈、报道对象的反馈、有关部门和主管单位的反馈、受众的反馈等。

2. 组织报道

组织报道指在新闻采访报道的过程中，新闻编辑部对报道进行部署、推进、控制以及总结的活动。新闻编辑部对报道的主要内容范围、报道重点、报道过程、发稿计划、版面地位和版面形式、报道人员等方面做出整体的设计，采编人员根据这些安排各就其位、各司其职，完成新闻采、写、编、传的任务。

3. 稿件处理

稿件处理主要包括组稿、选稿、改稿三个方面：

第一，组稿。组稿是指根据相关的选题策划和受众群体组织稿件的过程。稿件的主要来源是各大通讯社（我国主要是新华通讯社和中国新闻社）的电讯稿、本机构新闻记者采写的新闻稿、通讯员来稿。一些专业性较强的新闻事件，超出了本报记者的能力范围，通常需要编外的特约记者来写新闻稿件。还有一些新闻评论员文章是约请的有关专家或政府管理决策层的新闻评论文章。

第二，选稿。选稿是指新闻编辑根据相应的新闻报道的方针政策，每天从众多的选题中挑选出有意义、有报道价值的新闻稿件。选稿的标准要依据报道的方针政策、预期的社会效果与影响力、目标受众的需要。这些都与新闻编辑人的职业素养有关。如果选择的新闻稿件没有社会意义，那么公众对新闻媒体就会产生信任危机。

第三，改稿。对于要报道的新闻稿件必须进行更完善的修改，从而保证新闻传播的质量。

4. 新闻标题制作

对稿件处理完之后，接下来比较重要的就是处理新闻标题。新闻标题具有标出事实、进行评价和吸引注意等重要功能，所以新闻编辑中一定要着重对新闻标题进行编辑制作。

5. 组版

组版是新闻编辑处理新闻稿件的最后环节。它是新闻编辑将各类稿件在版面上整体布局的过程。新闻编辑的组版包括组编版面内容和设计版面形式。

（1）组编版面内容

组编版面内容主要包括以下几个方面：

第一，在组编版面内容的过程中，要优先考虑头版和重点内容。头版设计好之后，再将其他各个版面的内容进行精心地设计。

第二，合理布局稿件的位置，掌握好稿件的信息量。根据版面空间的限制，精心挑选稿件。安排稿件的位置主要是考虑信息量的大小和它的价值大小，同时还要考虑是否会和其他内容重复。

第三，确定好稿件的位置后，还要对稿件进行分类，使评论、编者按语、相关资料等非新闻稿件各就其位。

（2）设计版面形式

设计版面的程序主要有安排次序、计算篇幅、考虑轮廓、确定版式、审看大样。在版面设计过程中，编辑者会运用多种手段，如选择字号与字体、变换栏式和题型、运用线条和空白、配置图片和图案等，使版面形象美观大方、合理得体。

第三节　融媒时代的新闻写作

一、新闻写作的概念

新闻写作是指新闻工作者把采访中搜集到的材料、信息，通过文字写作制成一定体裁的新闻作品的过程。新闻写作是新闻采访工作的深化，是新闻价值的集中体现，直接关系着新闻传播活动的效果。

二、新闻写作的原则

新闻在写作的过程中需要遵循一定的原则，概括来说，这些原则主要包括以下几方面。

（一）用事实说话原则

用事实说话原则是指通过新闻报道向受众表明某种思想或者观点，受众通过新闻写作自然而然地就可以将新闻作者所要表达的意思理解清楚。事实是新闻的本源，事实是第一性的，新闻是第二性的，新闻写作必须建立在事实的基础之上，因此，用事实说话原则是新闻写作应该遵循的最基本的原则。

（二）现场实录原则

记者在对一些新闻事件进行描述时，可以遵循现场实录的原则，以逼真地再现事件的过程，从而增强新闻事件的真实性和提高其说服力。记者现场目击、目击者口述笔录、亲身经历事件者讲述等最具现场感和逼真性。使用现场实录手法时，一般多采用第一人称叙述，让新闻事件的经历者讲述自己的亲眼所见和亲身经历，从而给读者提供第一手材料。

（三）点面结合原则

这里所说的“点”是具体的，指在特定时间和空间中的具体事件，是有代表性、典型意义的事件；“面”是概括的，指的是事件的全貌。有点有面，点面结合，就能具体、全面地反映事件。

（四）精要点击原则

新闻写作虽然讲究用事实说话的原则，但是并不反对议论，有时适当的议论能够一语中的，具有画龙点睛的作用。需要注意的是，议论要做到精要和简约，一定要在水到渠成之时自然而然地引发出来。

除了以上原则之外，新闻写作还应遵循正反对比及从小处着眼等原则。有时，记者只需将今昔、正反等不同事实组织在一起，读者自会通过比较得出结论。另外，记者有时从小处着眼，精选新闻事件，往往能够解释重大主题。所以说，正反对比原则及从小处着眼原则也是新闻写作应该遵循的原则。

三、新闻写作的结构

结构是文本的框架，是对语言材料的组织和构造。无论是文字文本，还是音像文本，都需要一定的结构。概括来说，新闻写作的结构大体上可以分为以下几大类。

（一）编年体式结构

编年体式结构严格按照事件进程的时间顺序，将事件进程中的关键环节记录下来，其优点是清楚显示事件发展的脉络，凸显事实链条中关键的环节，使文本显得确凿可靠。对重大事件、突发性事件的报道，采取编年体式结构，可以精确、明快、详尽而又高效地传递信息。在对时间的跨度很大、关涉的问题很复杂的事件报道中，采用编年体方式则需要有高度的剪裁能力，恰当地安排详略，做到既呈现过程的清晰脉络，又凸显重要的事实。编年体报道不仅适用于重大事件、突发事件、跨时长的事件的报道，也可用于小型事件的报道。

需要注意的是，编年体式结构有时候并不独立使用，而是与其他结构方式套用。

（二）穿插式结构

穿插式结构是指在对核心事件进程或核心事物展开的叙述中，插入相关内容，便于受众对核心事件或事物的感知与理解，揭示事件或事物的深层意义，渗透传播者的意图，强化新闻的主题。使用这一结构的关键在于确立主线和选择插入点。

在穿插式结构中，主线的确立有时候依据新闻事件的进程，有时候依据现在的场景，有时候可以根据一个关键线索展开。也就是说，主线的确立方式可以是多种多样的。值得注意的是，主线不仅用于串联和组织材料，使之成为严密的整体，而且用于凸显新闻的主题。

（三）钻石式结构

钻石式结构由于类似于钻石的菱形而得名，开头和结尾往往篇幅短小，中间部分很长，也是主体部分。

（四）倒金字塔式结构

倒金字塔式结构是西方新闻写作传统中的主要结构形式，它的特点是把最重要、最精彩的事实放在开头的导语中，其他事实按重要程度递减的顺序排列。这种结构，既便于记者以最快的速度写出报道，也便于编辑根据版面大小，从稿件尾部向前删减，一直删到稿件长度适合安排版面而不致影响新闻的完整性。

需要注意的是，在采用倒金字塔式结构进行新闻报道时，应该特别关注重要性等级排列。这一问题同样不仅是写作的问题，而且也是新闻价值观的问题。

四、新闻写作的语言要求

（一）准确

准确是对新闻语言的最基本的要求，具体来说，准确的要求包括以下几个方面。

1．知识要准确

新闻写作涉及的范围很广，内容庞杂，新闻记者对各方面的知识都需要有所涉猎，这样才能保证写出来的新闻不受内行人的质疑；相反，如果记者缺乏有关知识的储备，新闻写作就会漏洞百出。

2．用语要准确

用语准确的要求主要有以下几个方面：

（1）用语要具体

记者要想使其对关键的人物或事件的表述能引起读者注意，并给读者留下深刻印象，就应该避免抽象笼统的表达，而应努力寻求具体准确的描述。

（2）语言平实

在新闻写作中，如果使用过多华丽的辞藻，一味地运用形容词和其他修饰语，就会使新闻写作流于形式，而使内容不具体、不充实，最终导致新闻内容空洞、索然无味，甚至会使新闻带有浓厚的主观色彩，脱离客观、公正的立场而陷于倾向摇摆不定的尴尬境地。

（3）允许记者合理想象

一些记者为了追求语言生动、新闻事件新奇，刻意营造现场感，通过文学想象，获得煽情的效果，而忽略了信息本身的可靠性与可信度。记者对新闻事件进行表述，主要是向受众传达客观事实，可以有合理的想象，但不能进行虚构，或表达过于浮夸。

3．要素要准确

新闻是由众多要素碎片组合而成的整体，尤其是对时间、数量、细节要素，如果表意不清会损害新闻的效果。“近日”“日前”这些模糊的时间词经常会出现在新闻报道中，除非涉及不便公开时间的事件，这样的词语应该尽可能不用。新闻用这样含混不清的时间概念去表述新闻的时效，明眼人一看便知道这是作者为了打马虎眼，新闻语言要准确，就不能用含糊笼统的概念迷惑读者。新闻事实发生在“今天”就应写“今天”，发生在“昨天”便写“昨天”，这样才能使读者看到新闻中传递的信息是准确可靠的，从而也增强了新闻的可信性。

当新闻报道中涉及数量时，一些报道中会出现“一些”“大部分”等含糊表述的词，殊不知，数字在一些新闻中是关键性的要素，暗含着重要的新闻点，这一要素表达的准确性对新闻报道的质量和可信度有着重要的意义。记者在采访时要尽可能把数字弄准确，尽可能给读者提供相对准确的数字信息。此外，新闻报道中对于新闻事件的细节等具体要素的把握也要准确。

（二）简洁

简洁是指新闻写作的结构能够重点突出最重要的信息，直指新闻事件的核心，其他内容按其重要性进行排序，语言要平实、简练，并能够传递出丰富的信息。新闻行文的简洁意味着快速、有效地传递新闻信息，可以提高新闻传播的效率；而且，篇幅短小的新闻占据较少的新闻刊播的空间和时间，因此可以增加更多的信息量。当然，简洁不仅仅是简短，还要求表达清楚、准确，不能一味地追求简略，造成语义晦涩、难懂。

新闻语言要求简洁，不仅要求语句紧凑、篇幅短小，而且还要求言简意赅，即用简洁的语言传达出丰富的信息以及思想内容。有的新闻之所以不简洁，往往是因为新闻的内容不能做到详略得当，有些要具体说，而有的内容可以简单说甚至直接略去；而有时候，记者为让一个句子表达多重含义，想取得不同凡响的效果，结果造成表意不明，甚至让受众误解。语言的简洁对新闻在语言外观上的品质好坏，以及事件的新闻价值能否在新闻报道中充分实现发挥着重要作用。

（三）易读

新闻传播要面对最广大的受众，新闻写作的目的是要让受众认知、了解新闻事件，将新闻记者认为有价值的内容传递给处于未知状态的广大读者。只有得到公众的真正接受、理解，新闻写作才算完成了自己的“使命”。易读的基本要求是语言通俗易懂、一目了然，语言表达时也要遵循接近性原则，即写作时要根据目标受众的知识结构、接受能力来制作新闻，拉近新闻作品与受众的距离。通俗易懂的一大拦路虎是专业术语或行话，即社会上某一行业、阶层、职业、团体等使用的专门用语。在这里，尤其要注意的是科技报道。科技报道，顾名思义，是与科技有关的报道，因其科学性、严谨性，写作过程中难免会涉及专业术语、抽象表达。但如何在通俗易懂与确保报道本身的准确性之间寻求平衡依然考验着新闻记者的职业能力。记者在进行操作时必须明白，通俗易懂是以准确为前提的，如果为了通俗易懂而放弃新闻的准确和真实，那就是本末倒置了。对科学报道通俗化的处理不能以影响新闻质量为代价，而应以科学性为前提，吸纳受众更易接受的话语风格，这样既传递了科学知识，又达到了传播的目的。

要求新闻作品易读是受众中心论的应有之义，新闻记者在写稿时，编辑在编辑处理时，应该牢牢树立受众意识，时刻想到，新闻不是给少数人看的，而是给大多数人看的，因为阅读率是衡量一篇报道成功与否的关键因素。现代传播学中，易读性研究为这种受众意识下的实践提供了理论和技术指标的支持。所谓易读性是指文本易于阅读和理解的性质，它不仅关乎内容，而且涉及信息传递的方式，如平面媒体对版面的设计、电视新闻镜头的剪辑。就新闻写作而言，易读性除了要求在具体的语句和措辞上应努力追求通俗易懂外，还要求在结构、叙述手段等方面下功夫。近些年来，我国新闻理论界和业界都有论者强调，新闻是讲故事的艺术，要求记者用故事讲述新闻，就是为了使新闻更具有吸引力，更具易读性。

值得注意的是，对新闻易读的强调与追求是对从业人员职业素养提出了更高的要求，记者自身应该对相关知识有透彻了解。只有传播者真正领会了，才能使新闻信息深入浅出地表达出来，充分揭示新闻事实的价值所在。

五、新闻写作的语言手段

在新闻写作中，语言手段的运用，如引语、语句顺序和语言情境等，也对新闻的质量有着重要影响。

（一）引语

直接引语、间接引语和不完全直接引语是引语常见的三种形式。不同引语形式在新闻作品中的运用也是有所不同的。

1. 直接引语

直接引语，即完整引用人物的话并加上引号，要求准确无误，一字不差。使用直接引语的好处最突出地体现在以下两个方面：

第一，在使用直接引语时，记者退居一旁而让报道中的人物自己为自己说话，拉近报道中的人物和受众的距离，从而使直接引语成为新闻报道中人情味的基本构成要素，许多情况下，甚至是首屈一指的要素。

第二，直接引语是三种引语形式中叙述干预最小的一种，能够最大限度地实现保真功能，贴合新闻真实性的要求，因为它不允许叙述者对人物的言语作任何改动。因此对具有争议的事情，完整提供陈述者的原话，可保护记者自己免受未准确表述发言者的意思的指控，拉开叙述距离，增强新闻的真实感和客观性，降低叙述者的介入程度，避免叙述者代言产生主观色彩，避免出现过强的叙述声音。此外，叙述者欲借新闻人物之口说出自己希望表达却不便公开表达的观点和立场时，运用直接引语也会更加客观，传播者的态度隐藏于其中，尤其是在解释性报道中，记者往往通过这样的引语方式解释事件，同时表达自己的观点。

由于直接引语有一种“责任分离功能”，使用直接引语，可以表示赞成和认同，也可以表示反对和质疑。所以新闻记者在选择直接引语时要把握好选用的尺度，只有那些真正能对新闻表达有益、话语风格独特、彰显人物性格等的话语才可被直接选用。

2. 间接引语

间接引语，即由叙述者概述讲话人的言语，可以完整复述，可以简要引用，也可以把许多人的言语和一个人的多句言语归纳引用。与直接引语强调的“原汁原味”不同，间接引语可以重组素材或是浓缩素材，以吸引读者的兴趣，可以进行大意转述，既可使记者笔下的文字尽可能地接近人物的原话，同时又能够对啰嗦的口语作必要的压缩和修复。实际上，绝大部分时候，记者不可能完全使用直接引语，而必须采用间接引语。

与直接引语复制的性质相比，间接引语是一种复述，一种描述，叙述者可以对人物话语进行概括、删略，所以间接引语赋予了叙述者更多的介入机会，因而它所表现出的叙述者的声音要强于直接引语。新闻报道的客观性、真实性要求使用间接引语时叙述者应采用客观的言辞复述，避免随意介入、定调，抬高叙述声音。

3. 不完全直接引语

不完全直接引语，又称“断引”，即只引用人物言语中的一部分，可以是一个短语、一个词组，甚至是一个字或词。不完全直接引语中引用的应该是人物言语中最重要的部分，而对“最重要的部分”的判断是见仁见智，具有很强的主观性。也就是说，在不完全直接引语中，作者遵从自己的转述需要，在用自己的话构成的叙述“线条”中，标示出直接引述的“点”。不完全直接引语，即人物话语里关键的信息、表明某种强烈情感和偏见的话语、富有个性色彩的话语的使用，其一般的规则与直接引语并无根本不同，从某种意义上说，叙述者加了引号的文字，是其认为有更大新闻价值的言语行为。

需要指出的是，在实际的新闻写作中，上述三种引语形式经常是综合使用的。它们的交互使用可以赋予报道以其他新闻形式无法企及的生动性。但也应该看到，如何综合使用引语形式，同样存在着选择，处理不当，会影响新闻作品对事实信息的传递和对情感倾向的表达。

（二）语言情境

语言情境是指作者通过多种语言手段，创造出情感、情绪、氛围等效应，构成读者接收信息时的语言环境。记者利用语言手段创设特定的情境，不仅向人们传达某种事实，而且牵动人的情感，甚至加入记者的主观态度和立场，以期引起读者的共鸣。语言的情境是对语言手段的综合使用，包括词语、句式、修辞方式诸方面的选择和细节的描写等。如果遣词造句不够恰当，有可能破坏或模糊语言情境，从而影响受众在对事实信息的接收中对特定氛围的感受。

语言情境的创设应该来自事件本身，贴合事件本身，而不是刻意制造煽情的效果和耸人听闻的效应。在特稿和通讯写作中，语言修辞手段复杂，因此相对来说比较注重语言情境的创设。但这并不等于说，简短的消息就没有语言情境，实际上，很多对重大事件的报道，以其快速的节奏、动词的突出位置，也很容易使人们置身于紧张的情境之中。

（三）语句顺序

语句的顺序包括语序和句序。

1. 语序

语序指语言中词语结合的先后次序，它包括并列词语（含短语）的语序、多层定语的语序和多层状语的语序。语序的变动可使词组或句子具有不同的意义。

在很多情况下，一个事件可以有多种陈述的方式，这些方式的不同点之一就在于语序的安排。因此，用什么样的语序也是新闻传播者经常面临的问题。解决这一问题需要掌握语言的规律和明确把握传播的意图。

2. 句序

句子的顺序同样也很重要。合理的句序应该准确反映事物客观存在的过程，突出事物的新闻价值。语句的顺序在语言的细节构成上影响着信息传递的效果与效率，进而影响信息的接收和理解。

六、新闻写作中不同信息的选择

（一）必要信息与冗余信息

必要信息是指能消除主要信息中不确定因素的信息。冗余信息是指信息中包含的、不影响信息完整的、不容读者自由选择的那一部分信息。在新闻写作中，对于必要信息一定要交代清楚，而对于冗余信息，则要做到尽量控制。

1. 交代必要信息

对于新闻报道来说，必要信息主要具有两个方面的功能：第一个功能是必要信息能够使报道的新闻事实清楚，传达的信息准确明了，使受众接收后不会产生疑惑；第二个功能是必要信息能够使新闻价值真正体现出来，加强受众对事实意义的理解。无论什么情况下，都不能为追求新闻价值而将必要交代的信息省掉。有意缺漏必要信息的做法，既改变了事实的价值，也伤害了受众的知情权，违背了新闻报道客观公正的原则。因此，记者一定要将新闻中的必要信息交代清楚。

2. 控制冗余信息

对于一篇报道来说，冗余信息是可有可无的部分，因为少了它，一篇报道仍然是完整的或能够使之完整的。一篇报道中冗余信息越多，它所包含的实际信息量就越少。一个优秀的记者在编写新闻报道时一定要找到最佳的冗余度，以抵消传播渠道中的干扰，从而提高传播效果。例如，和他人见面时会问“吃饭了吗?”这句话其实并不是真正想问这个人吃饭了没有，而是一种维持双方之间关系的方式，这就涉及语言冗余信息的容忍度问题，语言冗余信息的容忍度是指语言使用人运用、控制语义性冗余信息时所掌握的分寸。概括来说，语言冗余信息的容忍度可以分为以下三种情况：

第一，较小容忍度。新闻报道中采取的就是这种情况，它追求的是用语的简练。

第二，容忍度为零。这种情况力求简要，彻底删除多余信息。

第三，容忍度很大。对语言多余信息采取纵容态度。这种情况主要表现在文学作品中，一些文学作品往往通过大量的冗余信息制造特殊的语言环境，从而达到一定的效果。

总之，对于新闻报道来说，冗余信息不可过多，记者在写作的过程中一定要注意控制冗余信息。

（二）主信息与次信息

主信息是指在一篇新闻报道中处于主要地位，需要新闻报道者重点传播的信息。次信息是指在一篇新闻报道中处于次要地位，在传播主要信息时需要附带的信息。

在一篇新闻报道中之所以会出现主信息和次信息，其原因主要包括以下两个方面：

第一，客观事物之间存在着一定的联系，在阐述这一信息时，不可避免地会附带着另外的信息。

第二，事物内部具有错综复杂的矛盾，事物在运动的过程中，主要矛盾和次要矛盾不断发生转换，在面对新闻事实所表现出来的众多信息时，记者一旦偏重某个信息，那么这个信息就成为主信息，而其他附带的信息就成为次信息。

对于新闻报道的主信息，记者总是千方百计地进行强化和突出，而对于次信息，在不影响主信息传播的情况下，记者可以进行弱化处理，以免喧宾夺主。

1. 强化主信息

一则新闻报道能否成功，关键在于其信息能否成功地传播出去，为此，一旦确定了报道的主信息，记者总是想方设法对主信息进行强化和突出，使其更为醒目。具体来说，在新闻写作中强化主信息的方法主要有两种：前置法和重写法。这两种方法在不同的文体中有不同的表现。例如，在消息的写作中，前置法是运用比较多的方法，这就是消息特别重视导语写作的原因。它要求导语包含并突出主信息，主信息在导语中越是前置，就越能给人以强烈冲击。而在通讯报道中，对主信息进行处理的主要方法是重写法。所谓“重写”，就是浓墨重彩地写。在表达方式上，通常用细描、抒情和议论；在修辞手法上，则不惜用排比、重复等。

2. 弱化次信息

在新闻中，次信息主要可以分为两种情况：第一种情况是起辅助作用的信息，通常是消息中的背景材料；第二种情况是在生活中存在联系，但是在新闻中对主信息不具有辅助作用的信息。前一种次信息在新闻写作中具有一定的必要性，但与主信息相比，其居于“宾”的地位。处理得好，则“宾”“主”相安无事，相得益彰；处理得不好，则有可能喧宾夺主。因此，对于这种情况，对它进行弱化是非常必要的。后一种次信息与主信息存在一定的联系，但由于在新闻写作中并没有将二者之间的联系表现出来，所以在报道中会显得与主信息无关。对于这样的次信息，记者可以根据情况对其进行处理，要么将其删除，要么进一步将它与主信息的必然联系挖掘出来，以将其转化为有用的辅助性信息。

第五章　融合新闻传播的团队及创作

第一节　融合报道团队的组建与运作

一、项目责任制主导模式

（一）项目责任制的内涵

项目制又称“项目管理”，是指在规定的时间、预算和质量目标范围内完成项目的管理模式，是当今最重要的科学管理思想之一。

项目制并不是一个新生事物，最开始也不是新闻传播学科的概念，其内涵大致可以从宏观和微观两个层面进行说明。宏观上，项目制是国家的一种社会治理思路。在传统上下级科层制之外，建立另外一套以中央（部门）权力为核心的项目管理与资金分配体系。微观上，项目制是企业的一种组织形式和目标责任制度。十多年前，项目制就已在出版社中得到推行，并取得了不俗的成绩。中国人民大学出版社是国内第一批实行项目制的出版社之一。

对媒体来说，项目负责制就是建立重大主题报道的项目负责人制度。在重大主题报道组织实施前，首先建立项目组，由总编指定项目负责人，再由负责人根据实际需要组织抽调采编力量，跨部门联合或独立采写。通过项目制的施行，保证报道的顺利推进。

项目负责制可以帮助处理在主题新闻报道中需要跨部门跨界解决的复杂问题，实现更高的新闻采编运作效率。它有两层含义：项目制是一种以项目为核心的组织形式，这样的组织形式有可能仅限于编辑、经营内部，也有可能整合编辑、经营等部门的力量，组织形式可能是项目小组，也可能是公司、事业部；项目制是一种目标责任制度，总是围绕既定的目标来开展工作。

项目责任制有利于结构调整，资源重组。报业的传统组织结构在计划经济模式下通过宏观统筹发挥作用的功能已远不能满足激烈的市场竞争，而长期以来积累的优势也因部门分割无法形成竞争合力。项目责任制充分利用企业的现有资源，使孤立的工作单元为了共同的目标实现跨职能沟通，虽以专有任务为目标，却不可能离开整体结构而存在，可以说，对资源进行了重新组合，展示了结构调整的可能。项目责任制的正常实施是责任权利的统一保障，必然涉及人、财、物的调整，是岗位责任制和动态化管理的较好结合。

（二）项目责任制的优势

一是释放活力，有利于发展传统媒体生产力。一些传统报业集团组织内，随着规模扩大，管理层级增加，面对新技术、新形势反应迟钝。项目制的推行，既能够减少管理层的压力，也能释放执行层的活力。

二是做增量，减少部门内耗。项目制一般是根据项目要求设定任务目标，以项目目标为中心进行流程重构，形成项目组。对项目组成员，强调的不再是隶属于某个部门，而是对项目、对所在项目中分担的任务负责。近年来，不少报社在采编方面推行的虚拟团队，实际上就是项目制的雏形，初步实现了协作。项目小组还只是项目制的初级形式，高级形式应该是事业部制，或者传统的公司制。比如，南方报业的“南方舆情”项目，就将南方报业整个集团有关舆情的部门全面整合，实现了增量价值倍增。

三是盘活固有资产，实现资源科学整合。不可否认，一些报业集团管理上比较粗放，有相当部分的固有资产没有得到很好的利用。力推项目制，可以倒逼固有资产的盘活。举个简单的例子，假设报业集团拥有一幢空置的写字楼。在传统管理下，这幢楼可能一直处于闲置状态，没有带来任何收益。然而，通过项目制管理，可以考虑将这幢楼用于举办各类活动、会议、展览或租赁给其他企业，以获取租金或举办活动所带来的收益。这样一来，原本闲置的资产得到了充分的利用，为报业集团带来了额外的经济效益。以《羊城晚报》的羊城创意产业园为例，体量巨大，区位优势一流，目前是以收租为主，如果能够优选一些知名品牌入园，孵化、参股一些优质项目，未来经营收益不可估量。

四是培育良性竞争，培养优秀人才。项目通过竞争脱颖而出，打破旧有的资源垄断格局，使内部有良性竞争的氛围。同时，让项目方而不是集团承担一定的创业风险，极大地激发项目方的主动性和创造力，有利于优秀人才的成长。媒体融合时代，办报的环境变了，但办报、办网媒体融合所需要的土壤变化不大，人才发展所需要的土壤变化也不大。无论是纸媒还是网媒，项目制可以在既有的环境下给予优秀人才足够的成长空间和发展前景。比如，当下不少媒体人都在运营微信公众号，一般情况下，这种创业模式与报业集团现有利益格局并不冲突，而且很有可能以小投入换来大收益。

五是目标管理，提高效益。项目制既是一种组织形式，也是一种目标管理。项目负责人可随时发现工作中存在的问题和不足，及时制订改进措施，有的放矢地调整发展思路和策略。与此同时，项目负责人还可把大的目标细分为一个个具体的小目标，随时跟踪每一个目标的进展，引导员工自己制订工作目标，激发员工潜在的工作能力和自我实现的需求，自觉采取措施完成工作目标，并予以激励。在打通“肠梗塞”的前提下，项目制所激发的自我管理潜力是很大的，带来的市场效益也将十分可观。

（三）实施项目责任制应该注意的问题

把握方向是根本。项目责任制是组织结构内部变革的一种模式，为的是应对外部环境的需求而使整个组织的工作协调完成。项目责任制的出现并非要打破垂直科室制的工作流程，而是对其原有结构的有益补充和调整。项目责任制与承包制有本质的区别，承包制是业务的完全外包和管理失控，项目责任制则是在现有职能直线制结构基础上进行的调整。在具体工作的实施中，始终强调牢牢把握发展方向，社会效益第一的原则，在舆论导向问题上坚持一票否决制。

选准人员是关键。能否选准用好项目责任人，是事关整个项目成败的关键。因此，从舆论环境到政策措施，从工作协调到奖励政策，都应在不影响全局的前提下为发挥其专长和积极性而适度倾斜。项目责任人是事实上的首席编辑，是这一项目的领军人物，媒体单位在为其创造成长环境的同时，严格要求，悉心指点，多压重担，这不仅是对工作负责，也有利于人才培养。

强化制度是基础。项目责任制相对于原有的组织结构是新生事物，要使其更加实际，更加有效，除了热情和扶持，完善的制度是不断壮大的保障。制度的建设除吸收原有的合理成分外，更重要的是从实践中发现问题，解决矛盾，不断修正。

配套评价是保障。必须切实制订出与项目责任制的付出和成效相匹配的评价系统，才能激发员工的积极性、创造性，从而推动项目的完善和事业的发展。配套评价导向是否正确，奖惩是否合理，关乎全局。

项目责任制作为一种组织结构的变革模式，其实质是在多元化经营的背景下通过专业化的匹配获得规模经济，是当前报业管理变革的新模式。世界经济和产业组织规律显示，专业化经营和多元化经营是两条并行不悖的主旋律。从目前现状和制度背景看，报社应该选择规模经济和范围经济并举的发展道路。认清经营管理模式的多样性和项目责任制的局限性，在动态化管理中遴选出最适宜目标达成的组织结构模式。

二、产品经理人制主导模式

（一）从“受众中心”到“用户驱动”：互联网思维的变革

从“传者中心”，到 20 世纪 90 年代市场化改革确立的中国大众化媒体的“受众中心”，中国媒体总共用了 20 年的时间。有学者曾用从“宣传品”、“作品”再到“产品”的表达来形容中国电视 50 年的节目创新历程，这其实也可涵盖中国传媒业自 20 世纪 90 年代确立媒介产业属性以来市场改革的基本取向。这一阶段最大的特点是伴随着一大批市场化媒体的崛起，视受众为消费者、满足受众需求的“受众中心”制成为媒介内容生产中最重要的选择标准。

互联网正在改造着新闻业几乎所有的元素：缩短新闻流程，侵蚀长期可靠的收入来源，催生新型的竞争对手，它们中有一些只承担很少——或者根本不承担新闻采访的成本。互联网对传统媒体带来的挑战主要体现以下几个方面：

第一，传播方式被彻底颠覆。过去，传播是单向式的、具有垄断性质的传播。而互联网把信息传播的流程大大缩短，信息一经发布，即刻出现在公众面前。传播也从单向式的传播变成了双向、互动的传播。

第二，传播渠道被无限扩展。原来的纸媒发行可以理解成一种物理的传播渠道，现在我们有微信、微博、搜索平台、社交平台等更加多元化的传播渠道。正是在传播渠道的多元化之后，催生了新型的竞争对手，而互联网上的内容在一开始是免费转载的，客观上使得互联网不承担新闻生产的成本。

第三，内容生产方式被“无酬动机”重构。原来的媒体，是依靠大量的编辑记者来生产新闻，而今计算机不仅仅是信息消费工具，也是信息生产工具。“认知盈余”导致大量的用户在“无酬动机”的推动下，不仅愿意消费内容，也愿意生产内容。今天的 UGC（用户生成内容）、PGC（专业生成内容）、机器聚合等的出现，实际上大大降低了采编的生产成本。

第四，变现方式从单一版面广告到更加注重效果付费。原来的媒体是遵循大客户主义取向，因为用户服务的成本有门槛，而效果又不可测量。而谷歌、百度这样的搜索服务商却可以通过技术手段为小客户服务，可以按每一笔非常低廉的价格来提供服务，进而获取更大基数人群的关注、使用并使之成为潜在的付费使用人群。

第五，传统的组织结构受到挑战。新媒体生产的方式是众包、分散化、分布式。原来传媒业依靠大规模投入，今天互联网“微团队”也能实现创新。过去，投资一份报纸需要的是上千万元的投入，采编、发行、印刷都需要成本，而今天依赖互联网手段，三五个人组建的小团队就能完成一个媒体的创建，有的甚至只需要一个人。

第六，也是最重要的一点，读者已经转化为用户。互联网服务的对象不再是一个个信息饥渴等待着你生产出内容的面孔模糊的“大众”，他们热爱表达，愿意互动，因为兴趣而聚集，又很快分散。我们将之称为“用户”。

传统媒体是否需要转型为网络时代的融合型新媒体已经无须争议，传媒人痛苦的是：如何转型？一方面，无论国内外，成功的新媒体都无一例外在大量吸纳传统媒体人加盟，另一方面，却鲜有传统媒体成功转型，足见其步履维艰。

综合来看，以“互联网思维”为代表的转型，最深刻的变化是从消费时代的“受众中心”，转向市场思维导向的“用户驱动”，以细分服务、消费需求为特征，崇尚“用户至上”，从“受众到用户”，不仅是名称的变化，而是标志着媒体的内容生产从指导思想到工作流程和效果评定的全方位变化。受众是被动的接收者；用户是主动的使用者和参与者，是把握市场决定权和主动地位的“上帝”；受众是相对类型化的概括，用户则是可以细分至个人的、区分度极大的个体；受众强调接受、用户强调体验和分享等。

媒体融合不论是靠内容、渠道、平台、经营以及管理进行深度融合，还是靠话语权、舆论场体现主流媒体价值，其本质是重构与用户的连接，而产品就是这个连接器，产品即媒介。因此，这一切归根结底都是在探讨“如何重新‘抢’回用户”，那么，这个问号的背后是什么？必然是靠有竞争力的新媒体产品。

对于传统媒体而言，报纸、电视等专属媒介建立了壁垒，更多的关注落在内容上，而非整体的产品体验。而如今，互联网是一个无边界网络，无处不在的信息入口和产品，颠覆了传统媒体价值附着的基础。本质上说，传统媒体的式微，源自入口的多元化和产品的衰落，用户不会因为垄断渠道而留存，只会为全面而优质的产品体验买单。因此，有竞争力的新媒体产品背后的那个产品经理，是媒体融合转型的刚需。

（二）用户中心与产品经理思维

互联网公司中有一个核心的职位，那就是产品经理。但凡产品从创意到上市，所有相关的调研、创意、开发、测试、推广、迭代等，都由产品经理掌控。产品经理最核心的素质是把握用户需求，然后把这种需求付诸实现。

传统媒体最需要做的，是想清楚自身在互联网时代的核心产品是什么。其实报纸本身就是一个产品，有内容，有载体，有考虑用户体验的视觉设计。但是过去，大家都在一个载体上的时候，竞争更多是由内容带来的。到新媒体的时代，这个载体变化了，体验也变化了，这个时候考虑的问题，就不仅仅是内容了，要考虑怎样的内容在什么样的载体上，最后呈现出最好的体验。这并不带来媒体属性的任何变化，只是纸媒需要考虑的变量比原来更多了。所以，新媒体的转型是以用户为中心的转型，不是渠道为王，终端为王，而是通过用户的需求来打造一个综合性的产品体验。

那么产品经理思维是什么？与原来的媒体思维有一些什么差异点，是否也有共通之处？

第一，产品经理思维是把握用户需求的思维。换句话说，就是贴近用户，能从用户的角度想问题。从这一点上来说，媒体人未必不懂用户需求，优秀媒体人甚至是一些非常懂读者需求的人，他们知道哪些是用户的兴趣点，需要着重笔墨，能用文字引发用户的情绪和共鸣。只不过，媒体对于用户的研究往往缺乏量化，而产品经理能用上更多的测量手段。

第二，产品经理思维是解决问题的思维。产品经理提炼用户的需求最终是为了解决用户的难题，越是找到用户的痛点，越能吸引用户来使用产品。而编辑记者习惯了传统的“批判式思维”却很少训练“建设性思维”。媒体人的语境是“提出问题，批判世界”，产品经理的语境是“解决问题，改变世界”。如果媒体人能抱着解决用户问题的心态，文章、封面、标题包括广告都能更多地帮助用户解决问题，那么离成为优秀的产品经理也就不远了。

第三，产品经理思维是服务用户的运营思维。一个好的产品是有黏性的，用户碰到问题都会回头找产品经理。产品经理不仅要拉到用户，更要留住用户，并转化为长期用户。所以产品有一个迭代的概念，需要不断完善，给用户带来更好的体验。而媒体讲究的是把完美的文章一次性奉献给读者，在服务用户这方面的思维训练就比较少。

在新媒体时代，编辑记者也需要产品思维。发什么文章，不仅需要还原用户，还原用户的阅读情境、阅读方式，还要掌握用户阅读的时间、偏好。总之，想尽办法，给他们提供最佳的阅读体验，并尽可能地延伸服务，通过服务增加黏性。

（三）产品经理应具备的基本素质

作为一名产品经理，他是一个产品的设计者、建造者、运营者，但最重要的还是“最终把事情做成”。在具体实践中，产品经理要以内容、关系与服务为抓手，通过新媒体产品的打造和运营，重新构建与用户持久而有效的连接，重塑媒体平台化生态：改变以往传统媒体单项流程式新闻产品的作业模式，建立以用户为中心的互联网媒体产品体系，形成“小步快跑、快速迭代、持续优化”的新媒体产品发展模式。

媒体产品经理的职责主要是五个板块：市场及用户研究、产品规划及设计、开发及项目管理、产品运营和市场推广。整个开发流程，要遵循互联网的发展规则，根据用户需求和市场反馈进行创新和优化，实现产品的快速迭代与持续更新。另外，媒体产品经理的职责还包括围绕用户进行全流程的互联网产品责任界定，也就是所谓的一个好汉三个帮，对于产品团队，一个产品经理需要"五个帮"，即设计、研发、测试、运营、项目经理。从中可以看出，产品经理团队其实是一个团队化的动态策略，是对于最终结果的一个责任确定。

在辨别需求和解决方案时，很多时候需要我们追问一下需求背后的问题。举一个很简单的例子，比如，"我要吃饭"是需求吗？当然不是，而是一个解决办法，其背后的需求是"我饿了"，所以，"我饿了"可能才是真实的需求。

真需求、伪需求、强需求、弱需求，一旦掉入陷阱，就会浪费时间、精力、金钱等大量的成本。由于用户的需求还掺杂了太多与产品无关的东西，所以对于真伪需求的分析辨别还是有一定难度的。其中的基础是对于业务和流程进行真实有效的分析以后，才有可能达到对真实需求的甄别。

倾听用户，还是盲从用户？经过实践验证，用户在短时间内的需求可能不会成为一种长期需求或者动态趋势，对于用户的需求需要实施监测和分析。

像工匠那样较真，然后专注简单的情怀。产品意识是工匠精神的体验，同时也是商业模式的开始。媒体产品经理，除了要对媒体行业怀有由衷的热情和情怀，还要有对产品的执着和较真，就像工匠一样，怀着对媒体产品的热情和工匠精神，对产品精益求精。这也是媒体产品经理应有的自我修养：热爱媒体产品、工匠精神、沟通协调、学习能力、商业敏感、非授权领导力、产品管理力。开普勒曾说，我们喜欢简单，是因为上帝创造宇宙的时候，制定的规则就是非常简单的。只有简单的规则才可以演化出非常复杂的事情，如果一款产品，从一开始就设计一个复杂的规则，最后就会没有任何演化的空间，只有简单的东西才最具生命力。

对于产品经理应具备的基本素质，不同的媒体集团有不同的具体要求。

1. 主动，把事情做到极致

在腾讯，马化腾认为产品经理要关注最核心的能够获得用户口碑的战略点，好的产品经理要主动和用户接触。为了做好腾讯产品，马化腾每天都会花大量的时间和精力来体验公司的产品和服务。

2. 产品决策三原则

百度产品经理认为在进行产品策划活动之前应当弄清什么是产品，产品的核心价值是什么，进行产品分析前要问问题，弄清楚用户为什么用这个产品，能给用户带来什么好处。《李彦宏的百度世界》里提到过百度产品决策三原则：有需求，有优势，有收益。产品经理首先要做到的是需求导向，其次是在寻找到需求后需要确定我方是否有优势。只有占有一定优势才能吸引用户，让用户使用，最终实现价值。最后，要符合百度使命，即专注于搜索。纵观百度的图片、知道、贴吧、地图等产品，无不专注于搜索，构成了百度的核心竞争优势。

3. 做产品要有“大我”和“小我”

做产品时既要有“大我”，又要有“小我”。“大我”就是一个好的产品经理要把自己当成 CEO，既要负责产品设计、调研，了解产品情况，又要负责产品执行、推广等，对产品负责就要从头到尾负责到底。大量用户选择产品经理做的产品是对一个产品经理最大的肯定。“小我”则要求产品经理放下自我，甚至达到“忘我”的地步，完全把自己当作产品的目标群体，从用户角度出发，通过感受用户的感知，了解用户的真实想法，从而创造出更好的产品。

4. 想清楚用户价值、使命和愿景

阿里巴巴始终坚持“一个没有独立灵魂和理想的产品，是无法长大的”，所以产品经理便是产品的灵魂塑造师。产品在发展过程中，产品经理面临无数个选择，一个产品经理一旦想清楚了自己的用户价值、使命和愿景，他所面临的一切问题就会很容易解决。产品经理需要统筹规划中长期和短期的发展路径，通过结合愿景、发展路径提出自身的产品提案，供产品委员会评估和决策。每一个项目提案至少要回答这些问题：为谁做、为何做、产出是什么、做什么/怎么做、投入、何时做、技术分析、风险对策等。在运营推广的设计思路上，要尽量“opw”，也就是 other people work。用钱能办到的事都是小事，能用技术解决的事都是小事。产品发布后需要客服人员进行推广，客服使命是：让旺旺没有解决不了的问题。客服方面也用 opw 模式，让客户帮助客户解决问题。

5. 积极向上的态度

产品经理需要具备这些特质：积极向上的态度，态度平和，关注细节，良好的沟通能力。积极向上的态度很重要，当一个团队人员很少，几乎什么都需要自己亲自动手的时候，一定要有热情，积极向上的态度。多注重细节能够熟能生巧，多使用不同的互联网产品，不断试用新的产品，了解别的产品的优势与不足，提出自己的见解。由于产品经理需要和多个部门沟通，这对产品经理的沟通能力有一定要求。往往产品从最开始的设计到最后成型会有很多的不同，其中各种资源协调、各部门沟通误差是主要原因，因此沟通对产品经理而言很重要，需要不断提升。

三、融合新闻报道团队的发展

（一）项目责任制模式下融合报道团队的发展取向

1. 创立项目孵化基金

互联网企业之所以能够发展得那么快，主要是作为新生事物的成长性非常强，而报业已经成熟运行几百年。要迎头赶上，就必须逐步改造自身的基因。创立内部员工的项目孵化基金，这将是一个良好的开端。首先，目前很多记者编辑在运营自己的微博、微信公众号，尽管质量良莠不齐，但如果有外来资金的介入，或许“丑小鸭”就会变成一只“白天鹅”；其次，报业集团的媒体融合过程是一个长期的过程，也是一个自我改造的过程，项目孵化基金的建立与成长，将能够由微入主地影响其内部的价值取向；最后，项目孵化基金的建立，也能够很好地稳定当前的报业人心，使有志于向互联网转型的人才有大展身手的平台，使有志于转型的采编人才有挥洒青春的经营空间。在报业集团内部其实有一个共识，就是不缺办报人才，但缺运营人才。项目孵化基金的设立，将可以成为演武场和试验基地，能成功走出的必将是报业新时代运营的一方将才。项目孵化基金的设立，可以有两种形式。一种是自筹资金。考虑到目前报业经营形势的现状，这并不是一个最佳选项。另一种是合作，寻找天使投资或风投。这样做的好处有两个方面：一是分散投资风险，一口吃不成胖子，也不能把所有鸡蛋放在同一个篮子里；二是外来资金的介入，对项目的立项、运作都将起到很好的监督作用，避免人情化操作，避免资金的浪费和挥霍。

2. 构建项目申报渠道

首先，必须建立一个公正、专业、透明且高效的项目评审委员会或者评审专家库。根据不同的项目方向，选择不同类型的专家进行评审。其次，建立严格的评审制度。既要公开，也要避嫌，还要保障外来投资的话语权，在制度上减少废品率，或者说增加项目日后运营成功的可能性。

3. 保持申报渠道的畅通

其实不少报业集团也曾开展不同类型的创业大赛，但往往形式大于内容，而且不是常态的。渠道的畅通，一方面是申报机会的平等，不能让项目申报成为“分猪肉”；另一方面是申报结果的公平性，确保内部创业积极性高涨，还有就是申报时间流程的制度化，使项目创业员工有盼头、知准信。

4. 建立项目效果评估

实际上就是立项之后的项目效果跟踪，从而对项目团队起到鞭策作用。不符合要求的，及时撤资金；有前景的，推动其发展。此外还需要建立项目激励机制。对于传统媒体集团而言，项目激励机制既是利益的再分配，也是财富的再增值，有助于助推项目取得高效益与高回报。

（二）产品经理人制模式驱动下融合报道团队的发展取向

在现代媒体环境中，随着互联网和新媒体的快速发展，传统媒体集团正面临着市场竞争和人才流失的挑战。在这种情况下，构建以产品经理人制为核心的融合报道团队成为一种有效的发展策略。

1. 孵化练兵，提供锻炼机会

产品经理人制模式的核心在于通过项目孵化和创新比赛，为团队提供实战练习和经验积累的平台。在这一过程中，团队需具备清晰的项目目标、管理理念，并参与预算的申报和使用等综合实践。这种模式不仅锻炼了团队的产品意识，也使成员在不断打磨中提升对产品的理解和把控能力，逐步形成新型媒体人才的雏形。

2. 项目驱动，提供施展舞台

通过项目驱动，媒体集团可以建立跨职能团队，以产品经理为核心，整合技术、内容和营销等不同岗位，实现跨部门合作。这样的项目团队强调产品经理的统筹作用，将产品从构想到落地的全过程纳入统一管理，形成以“产品”为中心的高效协同机制。这不仅提升了团队的整合创新能力，也在实际操作中锻炼了成员的跨界合作和项目执行力。

3. 用事业育人，用机制留人

为了在新媒体发展中保持竞争力，媒体集团通过建立制度化的创新孵化机制，持续培养具备产品思维的新型人才。在这一过程中，合理的激励和晋升机制能有效引导传统采编人员适应新媒体环境，并激发其创造力。通过提供内部培训、技能提升和外部交流的机会，媒体集团能够塑造出良好的创新氛围。以事业激励和机制保障的方式来留住人才，是产品经理人制模式下融合报道团队可持续发展的重要途径。

第二节　融合时代数据新闻实践与创新

一、数据新闻基础概述

（一）数据新闻的概念

媒体应该通过计算机处理大数据来为受众提供更有意义、更有价值的新闻报道，使读者更加清晰、更加准确地认识世界。

数据新闻是一种工作流程，包括以下基本步骤：通过反复抓取、筛选和重组来深度挖掘数据，聚焦专门信息以过滤数据，可视化地呈现数据并合成新闻故事。这是一个不断提炼信息的过程，在这一过程中，原始数据转换成有意义的信息。数据新闻就是一切通过数据处理的新闻，它的独特之处就在于把大量的数据信息与传统的新闻故事结合在一起，使得新闻报道呈现出许多新的可能。数据新闻是围绕数据站点和服务展开的生态系统工具和实践的一部分，已然成为新闻业正在极力建设的一项新事业；数据新闻是基于数据信息的采集、分析和呈现的新闻工作方式。

“数据新闻”是一种新的新闻生产方式，它通过对数据信息的搜集、整理、分析和可视化的处理过程，将新闻以一种全新的面貌呈现给读者。其中，搜集数据是数据新闻生产的前提与基础，整理、分析是数据新闻生产的必要条件，可视化处理是数据新闻生产的关键与核心，它决定着数据新闻的成败。值得一提的是，数据并不只是人们熟悉的数字，它是包含了文字、数字、图片、图表、地图、视频、时间、空间等不同形态和要素信息对象的结构化集合。另外，数据新闻还跨越了新闻学、计算机学、统计学等多个学科、多个领域，是一种综合性的复杂的新闻生产方式。

（二）数据新闻的类型

数据新闻发展至今，已形成了多种不同的类型，而不同类型的数据新闻需要用不同的方式去生产，所以厘清数据新闻的类型是从事数据新闻生产制作的必要前提。根据不同的划分标准，我们将数据新闻划分成了不同的类型。从数据新闻的数据来源来划分，可将数据新闻划分为调查型数据新闻和非调查型数据新闻；从数据新闻的生成方式来划分，可划分为电脑自动生成的数据新闻和人机互动生成的数据新闻；从数据新闻的功能来划分，可划分为解读性数据新闻和预测性数据新闻。当然，业界还有不同的划分标准，比如按照选题的性质、支撑报道的数据性质来划分等。

1. 调查型数据新闻与非调查型数据新闻

根据数据新闻的数据来源来划分，数据新闻可划分为调查型数据新闻和非调查型数据新闻两种类型。

调查型数据新闻是由报道者直接通过面对面的访谈、问卷调查、田野调查等社会科学研究方法来获取第一手新鲜资料，并将这些资料量化为数据后进行处理，最后制作成的新闻报道。新闻中的数据是报道者亲身调查所收集的原始数据，避免了与其他媒体新闻题材撞车现象的出现，使新闻具有了极大的吸引力和新鲜感。其次，报道者亲身采集的数据具有很高的目的指向性，即所采集的数据不再需要经过过多的筛选过滤就可以直接拿来使用。

非调查型数据新闻是指报道者通过从政府、企业、科研机构、媒体或个人直接或间接地索取、搜集其已有的数据资料，按照报道者的主观意图对其中的数据进行分析整理，挖掘出有价值的新闻素材后，再将其按照新闻报道的叙事逻辑进行编辑重组后制作而成的新闻。与调查型数据新闻相比，此类数据新闻获取的数据属于二手数据，而非原创的第一手数据，这也就使得这些数据的真伪性和权威性很难得到保证。其次，政府、企业等机构对数据的公开程度大小直接影响到这类数据新闻的价值大小。当然，这种新闻的数据可以很容易地获得，避免了数据搜集过程中可能遇到的各类问题和麻烦，为新闻媒体节省了大量的成本，因此，它深受一些中小型媒体的欢迎。

2. 计算机自动生成的数据新闻与人机互动生成的数据新闻

根据数据新闻的生产方式来分，数据新闻可划分为计算机自动生成的数据新闻与人机互动生成的数据新闻两种类型。

计算机自动生成的数据新闻是指由计算机根据事先预设的程序和编码规则，自动辨认、分析数据中的事实和关键趋势，然后用可视化的叙述方法加以编辑，最终生成的新闻。这类数据新闻的优势就在于它能用最低的成本在最短的时间内生产出稿件来，大大提高了新闻生产的效率并降低成本。然而，计算机自动生成的数据新闻也存在着诸多劣势，比如，其自动生成的稿件内容生硬且重复，质量总体不高，同时计算机写稿还缺乏一定的观察力和深度。

人机互动生成的数据新闻是指新闻撰稿人借助计算机强大的数据分析处理能力，结合自身主观意志与目的，在计算机的辅助下生产的数据新闻。这一类数据新闻能很好地提高新闻稿件的质量，但是在时效上、数量上却远远不如计算机自动生成。

3. 解读性数据新闻与预测性数据新闻

根据数据新闻的功能来划分，数据新闻可划分为解读性数据新闻与预测性数据新闻两种类型。

解读性数据新闻是通过可视化的处理方法将生硬难懂的数据编辑成拥有生动有趣、通俗易懂的图表形式的故事性新闻，即对一些专业性较强、枯燥乏味的数据进行简化处理，解读出数据的价值和意义的新闻。这类新闻满足了人们对一些特殊领域的认知需求，也适应了不同年龄段、不同文化程度的读者的阅读需求，数据对每个人不再只是生硬难懂的数据，而是变成了简单、通俗，让人一看就懂的新闻。

预测性数据新闻是通过对已掌握数据的分析处理，按照事物发展变化的客观规律，结合事物内外部因素，对事物未来的发生、发展和结果等做出全面、客观和科学的分析、判断和估计的新闻报道。预测性数据新闻属于深度报道，其报道内容具有不确定特征，能对社会舆论发挥导向作用。在大数据时代，当人们的判断力因为受到各种不同渠道信息的影响而变得模糊不定时，预测性数据新闻就能给读者一个很明确的导向，从而让读者在模糊中清醒过来，因此，它也深受广大读者的欢迎与喜爱。当然，预测本身就是带有不确定性，所以预测性数据新闻并不是每次都能准确地预测，偶尔的失误也在情理之中。

（三）数据新闻的特点

数据新闻作为新闻领域的“新宠”，已经成为众多媒体未来发展的重点方向。它具有以下几个特点。

1. 内容数据化

内容数据化是数据新闻的基本特点。与传统长篇大论的文字或图片新闻不同，数据新闻从视觉感官上给受众首先呈现的是多元素、多样式的新闻内容，包括数字、图表、图解、图形、表格、地图、动画、视频等元素，而其中最常见的就是大量可观的数字。这些数据的加入使得数据新闻从传统新闻的版面中脱颖而出，对受众产生了极大的吸引力。

2. 制作技术化

制作技术化是数据新闻的主要生产特点。与以往的传统新闻生产制作不同，数据新闻从头至尾都需要用不同的专业技术来进行编辑处理，这些技术主要涉及统计学、社会学、计算机技术等，包括数据的导入、搜集下载，程序设计和编码，照片、视频的制作与处理，各类统计图表、地图的描摹与加工，数据分析技术等。当然，最主要最基本的专业技术还是新闻专业技术。

3．呈现趣味化

呈现趣味化是数据新闻的主要特点。数据新闻的可视化呈现实现了将枯燥乏味、复杂抽象、生涩难懂的数据转化为具体、生动、形象等具有良好视觉效果的各式各样的图片、视频、图表、地图、动画等形式，这就在很大程度上增添了新闻的趣味性，提高了新闻的人性化，使得受众对新闻产生极大的兴趣，并留下深刻难忘的印象。

4．功能多元化

功能多元化是数据新闻的核心特征。数据新闻能够带来更高的价值，比如：通过特殊软件程序对数据处理后发掘出隐藏于宏观、抽象数据背后的意义，找寻出数据背后的逻辑结构关系，进而预测事物发展的趋势和走向。数据新闻中的关键数据、所得出的分析结论等可以直接为受众提供借鉴和帮助，具有极大的实用性和实践性。从已有的数据中挖掘出新的内容素材，将数据充分利用以指导实践。

二、数据新闻操作流程

数据新闻的生产一般需要经过四个流程。这四个流程又可以归为两大类，即生产制作流程和传播流程，生产制作流程主要包括数据的采集、分析、可视化呈现，它是数据新闻生产的核心；传播流程是数据新闻由新闻成品到发布流通环节的关键。

（一）数据的采集

数据新闻生产制作的前提是要先有数据，那么数据到底是什么？从何而来？该如何获取呢？

数据新闻中的“数据”并不是一般意义上的“数字”，而是包括数字信息在内的各种各样的文字、图像、声音、视频、图表、地图等。作为数据新闻的工作者，必须要学会采集数据。然而，从数据新闻产生之时起到如今这个大数据时代，数据都不是那么简单随意就能获得的。

就数据的公开性来说，数据可分为公开发表的数据和未公开发表的数据。对于获取已经公开发表的数据，可以节省大量的人力、物力，因为一般公开发表数据的机构、单位或个人都会将他们所拥有的数据做成数据库、网站、书籍等存放起来。因此，只需通过在互联网上在线搜索，在图书馆馆藏资源中检索以及运用工具自动采集等方式就能获取我们想要的数据。具体在实际工作中，可以通过查询政府网站、科研机构、高校官网来获取信息和数据，这些数据一般都具有很高的权威性。也可以登录企业官网、个人博客、论坛等获取数据，但这些数据由于各自所属身份特殊的原因不能保证其真实性和权威性，需要仔细甄别筛选。还可以通过检索各种类型的图书馆馆藏资源来获得数据，如国家图书馆、高校图书馆、地方公共图书馆等，从图书馆获取的数据信息也能保证较高的权威性，而且数据类别齐全，检索较易。另外，还可以通过编写程序或者运用专业搜索软件来进行精确数据的采集，比如，Java、C 语言、Python 等计算机编程语言和 Import. io 等数据采集软件。

公开发表的数据获得较易，然而，在实际工作中，我们往往在已公开发表的数据中找不到我们想要的数据，这些数据可能是还未公开发表的数据，也可能是目前还不存在的。那么对于未公开发表或者目前还不存在的数据，该如何获得呢？首先，对于已存在但未公开发表的数据，可以直接向数据拥有单位、机构或个人提出索取请求或者在成本可控的范围内进行购买；其次，对于目前还不存在的数据，应该组织对新闻事件或话题的采访及问卷调查来采集，或者通过众包方式发动大众来采集。具体在实际工作中，可以根据相关法律文件的规定向政府部门、科研机构等提出合理的数据公开的申请要求；还可以向企业、机构、个人索取或者购买数据资料，这些数据资料一般都具有很高的价值，媒体通过购买的方式获得也未尝不可，因为这些蕴藏着很大价值的数据能给媒体带来更可观的回报；当然，还可以通过最费时费力的原始搜集方法——采访和调查问卷，来获取我们想要的数据信息，这些数据的获得周期较长、费人费力，但是所获取的数据却是一家媒体所独有的，而且具有很高的客观真实性。另外，对于一些获取难度较大、范围较广的数据，还可以通过众包方式来获取，即将数据的采集工作外包给一些个人或团队来完成，众包方式虽然降低了获取数据的难度，但是它的周期可能会更长，所获取的数据也具有很大的不确定性。

（二）数据的分析

数据采集到了，接下来就该分析了。数据分析的目的是把隐藏于大量看似无章的数据背后的信息集中和提炼出来，概括出所研究对象的内在逻辑关系和规律。而数据的分析涉及对数据的导入、筛选、分组、整理等程序和分析工具的使用；也涉及分析人员的专业素质问题，这里的专业素质不单单是指新闻专业素质，它还包括计算机应用、统计学、社会学等多种综合性的专业素质；还涉及数据分析的具体方法，包括对比分析法、分组分析法、结构分析法、平均分析法、综合评价分析法、相关分析法等；当然，还涉及针对不同数据的分析角度，不同新闻选题的分析角度。

在数据分析之前，得先把采集到的原始数据进行一个预处理，即导入、筛选、分组等。在导入数据时，我们会遇到机器可读的文件和机器不可读的文件，前者的导入自然很简单，但是对于后者，就得做一些相应的处理使其变成可读的文件。比如，可以利用格式转化器来将不可读的文件格式转化为可读的文件格式，利用语音识别软件将录音文件转化为文本文件等。导入之后，就得对数据进行筛选、补充、纠错、转换等，然后再根据不同的类别进行数据分组。这些程序的实现都得用到各类数据分析软件，在实际工作中，最常用的就是 Excel 和数据库软件，这些软件具有强大的数据编辑处理功能，作为数据新闻工作者，必须熟练掌握和应用这些软件。

数据的分析并不是每个人都能操作的，操作人员必须具有较好的综合专业素质。这些综合素质中最重要的就是新闻专业素质，它能为数据分析提供整体导向，使数据分析始终不脱离新闻传播这个大范围，使得分析成果始终能考虑到新闻的价值。当然，数据分析软件工具的操作能力也是极其重要的，业界目前主要使用的软件工具是 Excel、SPSS、R 语言。分析人员必须精通软件的各种功能而不只是简单地了解和使用，比如，通过软件来精确统计计算、制图、制表、制作音频等。分析人员还需具备较强的统计学和数学素养，因为在分析数据时，经常会计算一些数据的方差、标准差、中位数、众数、平均数等，还会制作一些柱形图、条形图、折线图、点状图等，还要应用一些统计学分析方法，如实验方差分析、回归分析、抽样分析、傅里叶分析、德尔菲法分析、t 检验、z 检验等。另外，掌握一定的社会学、经济学、地理学等学科知识也是必需的。在数据分析时，要根据不同的数据类型和要求使用不同的数据分析方法。这里我们仅对一些简单常用的方法作一介绍。对比分析方法是我们最常用的，它是指将两个或两个以上的数据进行比较，分析它们的不同与相同，从而揭示出这些数据所代表的事物发展变化情况和规律性。在使用此方法时，要注意数据之间的可比性，对于没有可比性的多组数据，坚决不能使用这种方法。平均分析法是通过计算平均数的方法来反映总体在一定时间、地点条件下某一数量特征的一般水平。结构分析方法是将总体的各部分与总体进行对比分析的方法。综合评价分析法是通过用多个指标对多个单位进行评价分析的方法，它的目的是将多个指标转化为一个能够反映综合情况的指标来进行分析评价。相关分析法是通过相关图表来判断两个变量之间是否存在某种确定或不确定的关系来得出一定结论的方法。

针对不同的新闻选题中的数据，分析的角度也是不同的。对于事件性选题中的数据，可以用数据来描绘现状，即描绘事件的内容、当事人的特征、事件发生的地点、为什么会发生等；还可以用数据来揭示历史趋势，即通过分析数据，找到数据的变化，观察这种变化所具有的特征，探讨和分析其背后可能存在的规律。对于话题性选题中的数据，可以寻找数据和新闻话题间的因果逻辑关系，可以挖掘常规话题中的新鲜内容，可以展现民生话题的横向分布，还可以针对热门话题进行预测等。

总而言之，数据新闻的数据分析是一道很复杂的工作程序，但只有将数据分析透彻了，新闻才能有价值或者说进一步增值。

（三）数据的可视化

数据可视化是制作和传播数据新闻的有效途径，近几年来，它在数据新闻领域被广泛提及。然而，业界对其准确的定义至今尚无定论。大多数人都是从可视化的功能和目的来对其定义的，数据可视化就是将大量数据组合构成数据图像，同时将数据的各个属性值以多维数据的形式表示，使受众能够以更直观的方式从不同的维度观察数据及其结构关系，发现数据中隐含的信息。有人认为，只有严格意义上的传统图形图表才是可视化；也有人认为只要是在表现数据，不管是数据艺术品还是 Excel 表格，都可以算可视化。总之，数据可视化是我们探索和理解大型数据集的有效途径，它能将数据置于视觉空间，可以激发大脑去发现和探索其中潜藏的意义，可服务于研究，也有助于受众看懂新闻故事，传达情感和理念，更能给受众一种传递信息的高效途径。

可视化作为一门涉及计算机图形图像处理、计算机视觉、人机交互等多个领域的综合学科，不但广泛应用于如医学、生物、地理等领域的科学计算，而且还应用在金融、通信、网络等行业中的信息处理方面。而新闻领域可视化的应用源于越来越多的新闻机构对可视化讲述故事功能的重视，尤其是数据新闻的兴起，使数据可视化进一步为人们所接受。

可视化是一个复杂的程序，它包含着众多构成要素，作为可视化的设计者，如果不了解它的构成要素，那么其操作将是盲目的。可视化构成要素可分为两大类，即可视化编码的静态视觉变量和动态视觉变量。静态视觉变量包括位置、长度、角度、方向、形状、面积和体积、色彩七种。其中，位置是展示数据在给定空间或坐标系中的相对分布状况；长度是从图形一端到另一端的距离，它经常出现在条形图中，用以展示或比较数据值的大小；角度经常出现在饼图中，它能体现总体中不同组别数据所占的比例，从而呈现总体数据内部的具体结构；方向是指一个向量的斜度，有助于读者把握事物发展的趋势，感知数据的变化波动；形状是由点、状、面等不同要素构成的变量；面积和体积用于表示数据的二维空间或者三维空间的差异；色彩是所有视觉变量中最富于变化的一种，它也最能调动起读者的兴趣，吸引读者的眼球，也能诉诸人的心理，任何一个可视化作品都离不了色彩的应用。动态视觉变量包括发生时长、变化速率、变化次序、频率、时刻、同步、节奏等。发生时长是指一个静态场景从出现展示到消失在画面上的时间长度，用于表现动态现象的延续过程；变化速率是指场景变化的幅度和速度；变化次序是指场景出现的先后顺序；频率是指场景出现的频繁程度；时刻是指场景的显示时间，用以标示某一种变化的出现；同步是指两个或多个时间序列的关系；节奏是描述符号周期性变化的特征，是由发生时长、变化速率等变量融合在一起而生成的复合变量。

在实际工作中，为了使数据新闻产品得到广泛的营销与传播，可视化设计者必须尽可能地追求一种完美的设计标准。那么什么样的数据可视化才算是完美而理想的呢？这里大致总结了四个可视化的标准以供借鉴。其一，可视化必须要美观，人都具有惰性，对于呈现在眼前的信息都会进行无意识的自动筛选，枯燥、乏味的信息都会被瞬间模糊化，而生动、形象、美观的信息都会凸显出来，给读者形成强大的视觉冲击。其二，可视化必须要新颖，新颖是指能以一种崭新的视角观察数据，或者以一种独特的风格激发读者的激情从而使其形成新的理解，达到新的高度。读者对于常见的、熟悉的设计元素或者模式都会产生一种视觉疲倦感，而且长期如此的话还会促使读者逐渐丧失阅读兴趣。因此，设计师必须转化思维角度，利用更新鲜的设计方式或元素来给读者呈现别具一格的视觉效果。其三，可视化必须简洁，在这个繁忙而紧张的时代，人们往往会选择去阅读一些简单整洁的而不是杂乱无序的信息，设计者要尽可能地用最简洁的数据可视化设计去呈现价值量最多的信息。其四，可视化必须易懂，可视化设计是一个跨越多学科的技术，设计者的知识体系也是超出一般人的知识体系的，然而设计者却不能把过于复杂化、专业化的设计应用到其中，而是要考虑到大多数受众的知识体系架构，尽可能用一些通俗易懂的设计将复杂难懂的数据信息简单明了地表达出来。

（四）数据新闻的传播

数据新闻生产操作的最后一个阶段是数据新闻的传播，它是数据新闻由新闻成品到发布流通的关键环节，如果传播这个阶段做不好，那即便前面的流程做得再好，这个数据新闻也是失败的。另外，数据新闻传播的目的是让其能够在媒介市场上得到用户的广泛承认和青睐，使用户认可其价值并主动地参与传播。因此，无论是从其重要性来看，还是从其目的来看，都不能忽视传播这个重要环节。数据新闻的传播与一般新闻的传播具有很大程度上的重合之处，但它也有自己与众不同的传播特点。从传播平台的选择方面来说，数据新闻更适于在电视、PC 端、移动终端上传播，而不适于纸质、广播等平台的传播，因为纸质、广播等传播平台只能满足一些简单的平面的文字、图像或声音信息的传播，而不能满足立体的、交互式的图像视频等信息的传播。电视、PC 端、移动终端仍有不同的特点，因为它们的屏幕尺寸各不相同，用户数量和规模不同，用户观看方式不同，视觉效果也大不相同，一般国外媒体更多地会在电视、PC 端传播，因为它们呈现的视觉层次更加丰富，信息量也较大。国内媒体大多则会选择在移动终端上进行传播，近几年来中国人均移动终端拥有的数量在飞速增长，移动终端的技术也在不断升级，而且大多数人每天都是利用手机、平板电脑、车载终端、广场荧屏等终端来获取信息。

从数据新闻传播途径的选择来说，数据新闻主要利用可视化、社交化、个性化、应用化、人性化等途径进行传播。可视化传播是数据新闻最大的特色，也是最快、最高效的途径；社交化是利用微信、微博、QQ 等社交媒体终端来进行传播；个性化是媒体根据不同用户所需为用户提供个性化数据服务的传播途径；应用化是通过提供某种数据工具使得数据更具价值的传播方法；人性化是尽可能地使新闻内容形象化、生动化，减少用户获取数据信息压力的传播方法，它们都是不错的传播途径。

从与用户关系的构建方面来说，数据新闻的传播旨在构建一种以用户为中心的新型关系。这种新型关系无时无刻不在为用户着想，为用户服务。比如，用户需要或者喜欢什么样的新闻，媒体就向其传播什么样的新闻；用户想在什么样的媒介中阅读新闻，媒体就在什么样的媒介里传播新闻，并且所传播的形式要能与媒介的阅读特点相适应；用户对所传播的新闻提出意见和看法后，媒体要及时给以回复与处理；传播的视听效果要最大限度满足用户的心理需求和期望，实现传播的人性化等。总之，数据新闻的传播要以服务用户为宗旨，让用户时时感受到自己的中心地位，从而让用户自觉主动地认可所传播的新闻内容。

三、数据新闻的理论研究与实践探索

（一）数据新闻的研究情况

自 2010 年以来，数据新闻的研究突然兴起并且涌现出了大量的研究成果。这些研究成果填补了数据新闻研究史上的空白，但是从研究深度和系统性上来说还远远不足。

关于数据新闻的根本问题——数据新闻的含义，至今都没有一个准确的定义，而是一直处于一种模糊的、泛化的状态。数据新闻是通过对数据信息进行抓取、筛选和重组，过滤掉无用信息，并用可视化方式呈现新闻故事的工作流程。简而言之，数据新闻就是用数据做出的新闻，数据新闻与传统新闻的不同就在于数据新闻将传统的新闻敏感和引人入胜的叙事能力，与当今时代的海量数据信息结合起来，创造出了一种新的可能。数据新闻就是数据与新闻的组合，但这种组合不是简单意义上的组合，而是一种交融的、一体化的组合。关于它的定义也应该是不断发展变化的，而不是一个统一的、标准化的、固定的定义，人们并不一定非要准确地给数据新闻进行定义，只需要知道在实践中如何去做好数据新闻。数据新闻是对于数据信息的采集、分析和呈现的新闻。总而言之，由于数据新闻是一个刚兴起的事物，关于它的准确定义仍在探索中，但是它也并非是一个很复杂的概念，我们还是能从各种定义中总结出一些共性的东西。比如，它凭借计算机技术、统计学知识，通过处理分析数据，揭示事件内在的逻辑联系，并通过可视化的呈现方式来传播报道。

（二）数据新闻的实践情况

从数据新闻的实践情况来看，国外新闻媒体是数据新闻主要的实践先锋，大型主流媒体是最早一批涉足数据新闻领域的传统媒体，而且它们在不断的实践和探索中都获得了较好的成绩，无论是在数据新闻的报道方式上还是报道理念上，都已得到业界和学术界的充分认可和赞成，并且数据新闻领域的国际奖项几乎都被它们所包揽。

就我国来看，虽然我国对数据新闻的理论研究滞后于国外，但是我国数据新闻的实践几乎是与国外同步而行的。究其原因，主要是因为在新媒体迅速发展的冲击下，数据新闻作为一个新兴领域就成了各类媒体的发力点。传统媒体都试图以数据新闻为突破口，增加、拓宽自己的业务点，以求重新获得原有的行业地位。我国进行数据新闻实践成效较好的媒体主要有网易、新华网等，它们都设置了相应的栏目领域，比如网易的“数读”设有“国际”“经济”“政治”“民生”“社会”“环境”等栏目，而新华网的“数据新闻”则设有“时政”“财经”“国际”“社会”“科普”“感悟”“交互”等栏目。值得一提的是新华网的“数据新闻”首页设有“信息图”“图文互动”“专题”“PC 互动”“手机互动”等不同类型的栏目，以供用户根据自身所有的媒介类型和喜好进行自由选择阅读，这就体现了网站的人性化设计和以用户为中心的服务理念。当然，它们也有各自的评论栏、分享链接以供读者评论和分享。然而，它们并没有给用户提供数据的下载链接，也没有为用户介绍数据新闻的制作方法和工具，因此，众包式的数据新闻生产也很难被付诸实践。

四、数据新闻创新发展

（一）数据新闻报道内容领域的创新发展

从目前国内外数据新闻的发展情况来看，数据新闻的报道内容已经涵盖了与人们日常生活息息相关的绝大部分领域，包括国际、政治、经济、文化、社会、民生、环境、体育、科技等。然而，国内外数据新闻所报道的领域却相差甚多。再者，无论是国内还是国外，各领域的数据新闻报道的数量、范围、深度等都是参差不齐的。总的特点是，国外数据新闻报道的领域多于国内；热门的、常见的领域报道的数量多、范围广、有深度，冷门的、不常见的领域报道的数量少、范围窄、无深度。

在这个信息大爆炸的时代，大部分用户宁愿选择其他渠道也不会从一个又杂又乱的“其他”栏目里面去找寻自己所需求的内容，所以“其他”栏目也就近乎形同虚设。而且报道领域的名称模糊不清，用户很难快速找到自己所需要领域的内容，这就使得这些网站的数据新闻在用户心里的评价大打折扣。从各领域所报道的数据新闻数量、范围、深度来说，一般“政治”“经济”“国际”“社会”等与人们日常生活关系紧密的领域所报道的数据新闻数量最多，报道范围最广，报道深度也最深，而像“旅游”“文化”“环境”“健康”“科教”“时尚”等只与部分人关系紧密的领域所报道的数据新闻数量少之又少，报道范围狭窄，缺乏必要的深度。

随着大数据和移动互联网技术的发展，用户对精细化、个性化数据新闻的要求会越来越高，数据新闻媒体的粗放式生产也将不得不向集约型、精细化方向发展，以满足不同用户的个性化需求。未来数据新闻的发展将在报道领域的设置上进一步细分，囊括政治、经济、文化、社会、生态、军事、科技、健康、教育、体育、旅游等各领域内容，在这些大的领域下还可以再细分小的领域以方便不同需求用户的检索。当然，所设置的各领域中所报道新闻数量、报道范围、报道深度也应该尽可能地互相平衡，要做到这些，数据新闻媒体所需要的人才、时间、金钱、精力将要比现在多出几倍甚至几十倍。但是，我们相信随着技术的不断创新和发展，数据新闻的制作成本、时间将会大大缩减，报道领域的精细化、各领域报道内容的均衡化发展也一定会逐渐实现。

（二）数据新闻生产制作的创新发展

数据新闻在全球新闻界的发展已经势不可挡，无论是大型主流媒体还是中小型媒体，它们都在如火如荼地尝试着数据新闻的实践。在这个大的发展背景下，数据新闻的生产制作也呈现出了几种操作性较强的发展趋势。

协同新闻是数据新闻生产制作中的第一大发展趋势。所谓协同，就是指通过协调两个或两个以上的不同资源或者个体，协同一致地完成某一目标的过程或能力。所以协同新闻也就是指通过两个或两个以上的不同机构或个体，协同一致地完成新闻生产制作的过程或能力。具体到数据新闻的实际生产制作，就是指新闻媒体机构通过协调掌握着大量数据资源的政府、科研机构、商业、个人等以及具有统计学、计算机学、社会学等专业技术的机构或人员，协同一致地完成数据新闻的生产制作。协同新闻的发展将在很大程度上节约新闻生产的成本、时间、精力，所以这种生产方式将会受中小型媒体机构的欢迎。目前在数据新闻的实践中，“新闻众包”生产方式、计算机智能程序生产方式都可算得上是协同新闻的一种样式，这些生产方式或者使“用户”成为“生产者”，或者使“计算机程序”成为“生产者”，它们都体现了媒体与个体、媒体与机器之间的协同关系。当然，未来数据新闻的发展还会出现更多的协同生产方式，这是发展的大趋势。

可视化设计手段多样化是数据新闻生产制作中的又一大发展趋势。当前在我国数据新闻的可视化实践中，大多还是以静态图表信息为主而缺少动态的、交互式的设计。然而，用户往往更倾向于阅读一些视觉效果更佳的、动态的、交互式的信息，可视化设计手段的运用成功与否是决定数据新闻成败的关键。为此，全球新闻界都在寻求一种让可视化设计视觉效果更佳的方法，目前，已经有人提出要将虚拟现实（Virtual Reality，简称 VR）技术和增强现实（Augmented Reality，简称 AR）技术应用到数据新闻的可视化设计中来。所谓虚拟现实技术就是指利用计算机创造一个虚拟空间，再利用虚拟现实眼镜使用户完全沉浸在一个虚拟合成的 3D 立体的虚拟世界中，虚拟现实不仅会涉及用户的视觉、听觉，还会涉及嗅觉、触觉、味觉，它能构造一个与真实环境相似的世界。所谓增强现实技术就是指把虚拟信息（物体、图片、视频、声音等）融合在现实环境中，将现实世界丰富起来，构建一个更加全面、更加美好的世界。增强现实技术通过对现实场景的探测并补充信息，使用户得到现实世界无法快速得到的信息，它的交互方式更加自然，虚拟物品也更加真实。虽然这些技术还在探索尝试中，但是在不久的未来，这些技术无疑都会被应用到数据新闻的可视化设计中，读者将会获得一个全新的阅读体验。

数据新闻产品个性化提供是数据新闻生产制作中的第三大发展趋势。数据新闻的可视化成功之处在于重视用户体验，无论是在内容、形式设计上，还是在可视化呈现方式上，每个细节几乎都能做到以用户为中心。而在今后的数据新闻实践中，为了让用户有更进一步的参与感，通过大数据的分析，每个人都可以在交互式的信息图表中找到与自身相关的信息。用户可以充分认识到数据变迁背后对自身的影响，或者正在发生或者即将发生的作用，这也体现了数据新闻可视化的服务理念和产品概念的加强。另外，用户对于信息的偏好与需求也是不一样的，新闻媒体可以通过大数据的分析，获悉不同用户的不同要求，并进行个性化定制信息的生产与制作，通过社交媒体网络向用户推送具有针对性的数据新闻，这将是未来数据新闻实践的努力方向。

（三）数据新闻传播平台的创新发展

随着移动互联网技术的发展和 5G 时代的到来，移动终端已经逐渐成为大部分人日常使用频率最高的新闻媒介，它也即将成为未来新闻传播的主要平台。而数据新闻要想提高传播扩散的效率，寻求更进一步的发展，就必须把传播平台转移到移动终端上来，不仅要转移过来，还要使传播平台多元化。微信、微博作为使用人数最多的移动客户端当然是数据新闻转移平台的不二之选，当然还有各大新闻媒体的移动客户端也应成为数据新闻发展的重要平台。但是，数据新闻与众不同的特点使得目前它在移动终端上的传播并不能达到

PC 端上的传播效果，这是其转移传播平台的一个主要障碍。除了传播效果不佳之外，数据新闻中大量的视频、音频、交互式图表、动图等元素对用户流量的耗费也是巨大的，而目前昂贵的流量费用使得大多数用户都不敢轻易去点击浏览，这也是数据新闻传播过程中所面临的现实困境。随着移动终端应用程序的创新与发展以及 5G 时代的到来，传播效果不佳、流量费用昂贵等问题都将被逐一破解，数据新闻传播平台的移动终端化发展将是必然的，它的传播扩散效率在移动终端的平台上也将得到前所未有的提高。

第六章 融合新闻传播的技术应用

第一节 大数据与新闻传播

一、大数据下的新闻业

（一）新闻发现

互联网上产出的数据大多都简明扼要，因为细节内容过少的原因，新闻从业者很难发现其潜在的新闻价值。所以，能读懂数据语言同时发现其背后接连的新闻信息，并利用这些条件使新闻更为丰富可靠，成为新闻从业者不可或缺的职业素养。

比如在节假日，有经验的媒体记者能从交通信息网络平台上的公开数据中发现人们在不同节假日出行游玩的嗜好，以之编写预测性的假日旅游新闻，这就是实时的新闻发现。

（二）新闻生产

所谓的新闻生产，就是将新闻的专业术语翻译成大众能听懂的白话。在这方面，大数据有两个作用：一是通过群众关注点的发现，将其关联的新闻信息提取出来作为新闻内容的素材；二是运用大数据独有的处理和显示技术，提升新闻的视觉冲击力与活力。

就第一个作用而言，事件发生的前期，新闻从业者即可通过舆论和大数据技术，发现群众对于同一件事的不同角度的信息需求。

第二个作用，即将量化的数据与定性的判断、生动的细节相结合，可以让新闻生产的效率与价值得到可观的提升。

值得一提的是，新闻内容生产时，数据的可视化技术与新闻从业者对于数据相关联信息的深度解读能力相结合，可以产生出人意料的效果。2015 年央视播报的“数说春运”可谓让人耳目一新，央视利用百度收集到的人口移动数据，一方面生动形象地展示了春运不同线路的人们的移动特点，吸引了人们的关注；另一方面，通过可视化数据发现了新特点。

（三）新闻传播

传媒在新媒体的驱动下发生了翻天覆地的变化，唯有精确、快速、有效的信息传递才能获得理想的传播效果，才不至于被巨大的信息海洋淹没。在新媒体时代，大众传媒完全可以借助大数据技术实现对新闻传播的精细划分。如此一来，既可以依据对群众需求的准确了解来生产新闻，又能使新闻实现效果最大化的传播。

例如，中国女排在里约奥运会获得冠军，每个人都有不一样的关注点，有人关注总教练郎平，也会有人关注排球运动员；有人关注中国体育事业的发展，也有人关注女排能走多远。这样的内容完全可以放在女排夺冠报道主体内容之后的相关推送上。

二、大数据带来的新闻传播研究范式革命

大数据时代带来了信息风暴及思维革命，新闻传播学者需要重新来审视当下的新闻传播研究，需要深入反思和重新定义新闻传播研究的行业属性与学科方法，探讨新闻传播的实践和理论问题，在跨学科的合作和交流中拓展新闻传播学研究的可能空间。大数据的挖掘潜力巨大，新闻传播研究应做出积极的改变，解放思想，拓宽新闻传播研究视阈。随着大数据在全世界范围内的普及和应用，我们无法摆脱数据对于新闻传播的影响，大数据改变了传统的新闻生产方式和呈现模式，新闻传播形态和格局正在经历大数据的改变，新闻传播的研究内容和风格也都发生了变化，这是新闻传播寻求新发展的机遇，利用大数据开拓了新闻传播领域进一步的理论创新。

三、大数据带来的新闻传播思维方式的改变

大数据给新闻传播学带来的一大红利便是将其推到了社会科学研究的舞台聚光灯下。大数据时代的所有社会资源配置已经不能离开大数据了，那么与之相对应的媒体在展开新闻传播实践时就需要思维创新，也就是说必须改变传统的新闻传播思维方式，转而采用一种全新的、与大数据相契合的思维方式来解读这个世界。

大数据的思维方式更多地关注相关性，而对于传统知识观中的因果关系并不过多关注。大数据思维的相关性能给人提供无数种可能，这种改变带来的是一场风暴式的思维革命相关性不仅让我们能够深入理解过去的事件，还能为未来做出更为精准的预测。大数据时代，在新闻传播中掌握这种大数据思维方式，我们并不一定要透过现象看本质，只要剖

析正在进行或将要进行的事情，就能挖掘出重大的新闻线索，呈现出新闻的价值。

进入大数据时代，全数据分析模式替代了简单的“样本分析方式”，大数据不再局限于微观层面的细枝末节，而把关注视野放到了更大的宏观和中观层面的趋势分析和预测。

大数据时代，“理论”的重要性可能会让位于更好的数据算法和有效的数据处理法则。纯粹理论价值的弱化，将大数据进行有效的优化组合的数据算法和处理法则变得越来越重要。

四、大数据视野下的新闻传播创新

大数据视野下的新闻传播创新包含两个层次的内涵：其一，它是在传统新闻形态基础上的再创新，包括信息的可视化和人性化。通过可视化的多媒体影像信息传播新闻，动态影像和静态影像相交织，形成传播形态的多层联动，极大丰富了新闻表现形态，数据挖掘多种形式呈现扩充了新闻信息传播手段。其二，它也是一种内容创新，通过挖掘碎片化的数据和文本，实现了信息形态上的减少，并在一定程度上消除了新闻内容的不确定性。大数据与新闻传播的结合，使得新闻传播拥有了巨大的技术竞争力，给新闻传播插上了一双腾飞的翅膀，大数据新闻传播利用本身特有的优越性，把对社会整体结构的把握提高到了更广阔的空间和层面。

五、大数据在新闻传播创新方面的症结所在

（一）表现为大数据的机器服务与新闻传播的人脑创新服务的背离

首先，大数据强调的相关性与新闻传播实践中强调的因果性之间的相互违背。大数据更加重视关联性而对因果性的解读退居后位，甚至公开拒绝传统知识结构中的因果关系。人们看待数据的方式已经发生巨大变化：更加重视数据的全面性，而非原来观察数据的“只见树木不见森林”；更加重视较为凌乱的、无序的、碎片化的数据，而非更多可利用的较纯净的数据。同时，舍恩伯格还认为，人们的思维方式也应该相应地从因果关系发生转型，即转向相关性。或者说，只要知道“是什么”，而不需要知道“为什么”。但新闻的传统解读方式却是具有强烈的因果逻辑的，需要解决“为什么”的问题。记者或编辑在呈现新闻报道时重视因果关系，是因为这与人们的传统认识逻辑是相符的，如果不重视因果关系将容易造成对新闻信息解读的任意性和偶然性，因为不解决“为什么”的问题就无法消除信息的不确定性，也就无法对信息进行下一步预测并随时采取行动，数据对于新闻报道来说，也就失去了其具有的核心意义。

其次，大数据信息的结构化与新闻表达故事化的内在逻辑在某种程度上存在相互背离。去故事中心化而使数据呈现为结构化的信息表达，这是大数据的内在逻辑，而传统新闻报道中强调的是内容的故事化，这两者的矛盾可以说是几乎不可调和的。新闻传播学者认为，如何让结构化的数据呈现出人类特有的温情和叙事功能，这将是大数据在未来的新闻传播应用过程中要披荆斩棘、重点攻克的一道难题。

另外，传统新闻传播讲究精确的呈现和解读，这就与大数据方法的模糊呈现之间产生了矛盾，两者之间的矛盾也是亟待通过有效的方式解决的。大数据分析强调数据和信息的相关性，关注数据的商业应用价值，大数据利用本身对数据的强大综合运算能力，能够发现那些仅靠个人的直觉发现不了的信息和知识，而这些出乎意料的信息却可能挖掘出巨大的商业价值。

（二）表现为数据源的开放问题

数据开放强调的是掌握着数据话语权的政府或企业主动向公众提供无须特别授权、可被机器读取、能够再次开发利用的原始数据。数据开放是一种数据的流动，更是知识和权力的流动，其核心是发现更多有价值的信息。

在人人都在说大数据的时代，权威的数据来源及共享却是到目前为止无法逾越的一道鸿沟，不解决这个问题大数据就是一个空谈，因此数据源的开放就显得尤为重要。如果无法将封闭在“黑箱子”里的数据共享，数据就无法释放出最大的竞争优势，也就无法提升数据的商业变现能力，更何谈数据的巨大社会价值？互联网本身是由开放精神组成的，大数据时代，政府或企业必须有开放的心态，开放的数据必须有更高的质量，只有开放和实现彼此链接的优质数据，才是真正具有交流价值的平台。得益于大数据技术的普遍应用，公众与政府或企业之间在数据处理能力上的差距已显著缩小，这就要求政府或企业必须以开放的心态适时公开可以公开的原始数据，让公众自己分析、挖掘、利用这些数据资源，更好地开展应用服务，让政府或企业的数据资源更好地为社会经济发展服务。实践证明，数据开放往往能够得到更多的增值效益。

六、新闻传播研究应加强方法训练

对于新闻传播研究来说，大数据时代的机遇与挑战并存，一方面，大数据给在计算机和人工智能等领域拥有专长的社会学科的研究者提供了参与社会转型服务的机会，同时，也向所有从事新闻传播领域研究的实践者提出了新的要求。对新闻传播领域的学者来说，这些挑战更多地表现在研究方法上的欠缺和“短腿”。我国新闻传播学的大多数学者接受的基本都是人文学科的学术训练，只有少数学者接触过计算机和人工智能等方面的知识培训。而随着新闻传播研究向更广、更深的领域延伸，应加强与社会的各个领域的融合，新闻传播学科的社会学转向和社会化的倾向越发明显。

因此，现实研究殷切期待规范的质化和量化研究方法，而新闻传播研究者社会科学研究方法准备还不足，补上社会科学研究方法薄弱的短板尤为迫切。这一对矛盾随着新闻传播学研究的社会学科属性加剧、加深而越发显现。新闻传播研究的成果，在相当长的一段时间里，被社会学科的主流评价体系所否定，很难得到社会学、经济学、管理学等学科的认同。

大数据时代，新闻传播学要真正在社会科学学科中占有一席之地，新闻传播研究者要想在未来的研究中有所创新，拥有自己的话语权和学术地位，就必须重视社会科学研究方法，传统单一的人文方法的研究只会让路越走越窄。目前，国内一批正在成长起来的中青年学者越来越重视和强调社会科学研究方法的训练。我们期待新闻传播研究者在基于本学科的研究的基础上，能够结合其他社会科学的研究方法，探索出独有的新闻传播研究方法。

第二节　创新技术与新闻传播

一、AR/VR 技术与新闻传播

VR 为虚拟现实技术，是利用运算平台（包括智能终端）模拟产生的一种虚拟环境，用户借助特殊的输入输出设备，与虚拟世界中的物体进行交互，从而通过视觉、听觉和触觉获得与真实世界相同的感受。

AR 为增强现实技术，是通过计算机系统提供的信息增加用户对现实世界感知的技术，将虚拟的信息应用到真实世界，并将计算机生成的虚拟物体、场景或系统提示信息叠加到真实场景中，从而实现对现实的增强。增强现实技术，不仅展现了真实世界的信息，还将虚拟的信息同时显示出来，两种信息相互补充、叠加。

VR 技术和 AR 技术出现之后，由于其对事件场景的高度还原性和良好的体验性，很快被引入新闻业之中。而 VR 技术和 AR 技术在新闻业态中的尝试与普及，也逐渐改变和颠覆了新闻信息的传播模式。借助 AR 技术和 VR 技术生产的 AR/VR 新闻，拓展了媒介技术在新闻传播中的运用模式，对现有的新闻业态产生了深刻的影响。

（一）AR/VR 技术对新闻业态的影响

新闻行业的发展历来伴随着紧密的媒介技术的发展与更新，AR 技术与 VR 技术的出现，使得新闻领域中一直讨论的“还原新闻现场、真实再现新闻事件”的新闻理想具有了实现的可能。AR/VR 技术可以轻易解决传统媒介技术难以实现对新闻现场的复原、让受者近距离感受和体验新闻事件的难题。受者通过穿戴智能头显设备或用一部智能手机就可以近距离、沉浸式体验新闻现场。与传统新闻模式不同，AR/VR 新闻以强大的复原新闻现场的能力，提升了新闻传播过程中的信息容量和新闻信息传播的广度和深度，并直接影响新闻业态中从生产源头到接收终端的各个环节。

1. 打破传统新闻生产的二维模式，趋向三维模式和多维模式

AR/VR 技术出现之前，在传统的新闻信息的生产模式中，报纸、杂志、电视以及眼下大热的自媒体平台，诸如微信、微博等，提供给受者的新闻都是平面的，即二维的新闻。这类新闻通过单一的文字、图片、视频在二维层面上进行传播。

AR/VR 新闻借助新型的媒介技术，从新闻生产的源头突破了二维模式的限制，它不仅可以实现新闻现场的 360°立体呈现，即新闻生产的三维模式，还可以借助 AR 技术，将虚拟场景和现实场景进行叠加，实现多维模式叙述新闻事件。

2. 营造新闻场景，给受者提供沉浸式新闻体验

传统新闻模式下，受者无法直接抵达新闻现场去感知新闻事件，只能通过传播者的“复述”来实现对新闻事实的了解和感受。AR/VR 新闻则可以打破受者需要通过媒介“转述”去感知新闻现场的桎梏，这种新闻可以借助 VR 技术和 AR 技术，将新闻现场直接“投射”到受者大脑里。由此，受者从新闻事件的旁观者直接转化为新闻事件的参与者，从被动体验转变成沉浸式的主动体验。

3.“媒介中心化”的转变

传统新闻模式下，媒介在信息传播中处于主导地位，基本上是媒介说什么，受者听什么。自媒体时代，媒介中心化的模式被打破。AR/VR 新闻的出现，使媒介在新闻信息传播中的地位和作用都发生了很大的变化，受者的主动权进一步增强，甚至有权选择看什么、如何看，这也标志着新闻的传播模式已从传统的“媒介中心化”开始转变。

（二）AR/VR 技术对传统信息传播模式的颠覆

AR/VR 技术出现后，从新闻生产的源头到新闻传播的各环节，乃至于受者的接受体

验都发生了巨大的变化。其中，传播环节受到的影响和变化是最大的。

1. 新闻信息的传播内容，由单纯的文字符号、视频演变成“场景”和“体验”传递

AR/VR 新闻中，信息不再是平面语言符号的叙述，而是被直观立体地呈现出来。AR/VR 新闻，几乎是新闻发生现场的高度还原，新闻发生的场景被完全呈现给用户。

AR/VR 新闻在信息传递的内容上，打破了传统新闻时期的单一化模式。传统媒体时期，媒介用文字、符号、画面、视频等描绘新闻现场，转述新闻事件的详细情况。而 AR/VR 新闻则不再描绘和转述新闻现场以及新闻事件的详细信息，而是直接传递新闻现场给受者，让受者自行体验现场，受者对新闻事件的了解和感受远比传统新闻时期来得真实和客观。

2. 新闻信息的传播方式上，突破了单一感官参与的限制，实现了多感官参与和联动模式

此前，应用制造商打造了某个关于街头游行的 VR 全景新闻视频。在这个新闻视频中，受者通过 VR 设备，可以看到街头形形色色的人群，这些真实的画面和本身“身临其境”的体验，让受者可以感知事件发生时市民的真实状态，甚至可以真实地体验到人群的冲撞感，并全景浏览游行场面。

如果说，传统的文字新闻调动的是受者的视觉，广播新闻调动的是受者的听觉，电视新闻调动的是受者的听觉和视觉，那么 AR/VR 新闻则直接调动受者的视觉、听觉、触觉甚至嗅觉等多种感官，首次在新闻信息传播领域中实现了受者多感官联动感知新闻信息的形态，彻底颠覆受者对新闻信息传播的理解和认知，这也意味着新闻信息传播开始进入新纪元。

AR/VR 新闻也符合传统新闻实践中反复强调的，新闻要传递给受者“最真实”的新闻现场和“最客观”的新闻信息的理论要求。AR/VR 新闻借助 AR 头显设备、现实增强技术，让受者“亲自”接触新闻现场，理解、感知、总结、概括、体验“最真实”的新闻现场。AR/VR 新闻提供的虽然是虚拟的新闻现场，但是其调动受者的多感官的感知却是无比真实的。

3. 受者由接收新闻信息转化为深度参与新闻传播的过程

2018 年 4 月，新华社发布 AR 新闻，人们点击新华社客户端首页下方的“小新机器人”，使用 AR 功能扫描二代身份证，就可以成功进入 AR 新闻。进入 AR 新闻之后，受者

可以选择两个不同的场景，打开声音并通过点击提示按钮进行阅读。

在新华社发布的这条AR新闻中，阅读什么、如何阅读、如何和媒介进行互动都成为受者的自主行为。在AR/VR新闻中，新闻信息传递的方式发生了改变，这也直接导致媒介在新闻信息传播中的地位发生变化。传统媒体时期，媒介深入新闻现场，采访和撰写新闻内容，媒介掌握新闻现场的第一手资料，媒介对新闻信息进行加工、编排之后传递给受者。在这一传播模式中，媒介始终处于主导地位，由媒介来掌控受者看什么以及如何看。AR/VR新闻向受者传递的不是“内容”而是“场景”，也就是说，媒介不再是新闻现场的唯一参与者，受者可以直接成为新闻现场的参与者，他们可以和媒介一样感受新闻现场和新闻事实，因而受者对新闻事件的了解和感知更接近真实。

（三）AR/VR技术对信息传播模式的重构

AR/VR技术对传统新闻信息传播的内容、方式、主体构成等方面都产生了一定的影响，这也意味着适应AR/VR新闻传播特点的新型传播模式日渐成熟。媒介必须清晰地认识到AR/VR新闻发展的前景，积极构建适应AR/VR新闻传播形态的传播模式。

1. 在新闻信息传播视角上，媒介要由传统新闻时期的二维叙事角度转化为突出视觉化的多维叙事角度

AR/VR新闻的传播需要一定的设备支持。长期以来，昂贵、携带不便、体积偏大的智能头显设备一直制约着AR/VR新闻的传播和发展。但随着科学技术手段的发展，头显设备不断更新换代，携带轻便、价格低廉的头显设备不断被研制和开发出来。2018年6月，某品牌发布全球首款超轻便独立AR一体眼镜835，可适应90%以上用户的头型和瞳距，吸附式矫正镜片让近视用户也能够正常佩戴。该机质量轻盈，质量120克，眼镜上方搭载了一颗1300万像素带光学防抖的摄像头，可实现远距离视觉识别、二维码扫描。这意味着AR/VR新闻的普及速度也将加快。

由于AR/VR新闻采用多维模式进行传播，头显设备也主要依赖受者的视觉感受去体验新闻信息，因而AR/VR新闻传播内容上，媒介要摆脱传统思维的束缚，从视觉的突出化视角去进行AR/VR新闻的内容传播，适应时代发展对于新闻传播的新要求。

2. 在新闻信息的传播方式上，媒介要合理把握AR/VR新闻营造的真实度

VR视频新闻沉浸式传播模式中，这种类似于现实的虚拟存在，通过VR技术对视频信息进行传播，将受者的听觉、嗅觉、触觉等多方面的感官调动起来，让受者的神经系统和感知系统融入VR新闻中，形成沉浸立体式视觉体验，对受者的视觉产生欺骗，导致受者对虚

拟环境与现实世界认知的错位与模糊，从而将太过真实的 VR 虚拟仿真与现实混淆。

虽然 AR/VR 新闻能够给受者带来更好更真实的体验，但是媒介也需要合理把握提供虚拟新闻现场的方式。AR/VR 技术提供的虚拟世界对于受者而言是一把“双刃剑”，媒介如何把握其中的平衡点，是媒介在 AR/VR 新闻传播过程中面临的新挑战。媒介必须在提供 AR/VR 新闻的同时，采用一定的技术手段避免用户过度沉溺于虚拟的新闻现场中。

3. 媒介需要履行好“把关人”的职责，维护新闻信息传播的秩序

AR/VR 新闻使“受者主动参与的特性发挥到更大的程度，新闻业态中以受者为中心的思维将不断得到加强”。但是，随着受者在新闻传播过程中的主动权大大增加，媒介在新闻传播中的“把关人”功能被相对弱化，媒介需要提高对新闻舆论的引导能力。AR/VR 新闻赋予受者极大的自主性，也为受者带来大量原生态的新闻现场，假如受者缺乏必要的新闻素养或者出现认知偏差，就会影响受者对新闻事实的正确认知，影响新闻信息的传播效果。因此，媒介需要履行好“把关人”的职责，在 AR/VR 新闻的传播环节中，在新闻信息的内容、舆论导向等方面对受者进行技术性引导，避免产生新闻事实的无序传播现象。

二、自媒体与新闻传播

任何新型行业的发展都和互联网发展有着不可分割的联系，自媒体就是在互联网的基础上发展起来的，利用互联网的优势，快速发展并且占领市场。自媒体新闻传播在互联网信息技术的促进之下，展现了这种新型的新闻媒体的传播魅力，在我国迅速发展。自媒体之所以能够在短时间内迅猛发展，和互联网有着密不可分的联系。

（一）自媒体新闻传播的特点

自媒体新闻传播的特点不仅具有互联网信息传播的优势特点，还具有私人化、平民化、普泛化、自主化、现代化以及电子化等相关特点，新闻传播的趋势向个性化方向发展。自媒体新闻的传播速度快、传播量大，能够满足用户的更多个性化需求。我们熟知的自媒体新闻传播载体有博客、公众号等，这些新闻传播载体除了具有新闻传播的特点以外，还同时具有编辑的特征，更加优化了新闻传播的功能。

（二）自媒体新闻传播对传统媒体的影响

1. 内容方面

传统新闻的传播手段处于一个较封闭的状态，读者通过传统媒体得到的新闻信息都是

经过精心挑选出来的，这样挑选出来的新闻极大影响了受众对于新闻范围的要求，并且这些新闻的发布是在篇幅等约束下进行的。相对而言，自媒体具有一定的开放性，新闻内容也更加广泛，最大限度地满足了受众对新闻范围的要求，而自媒体所呈现出的开放性涵盖了新闻制作的每个环节。无论是新闻的选择还是撰写排版等流程，自媒体的特点都对传统媒体的发展产生了影响。自媒体在发展方面，依靠社会人群的加入和网络信息技术的发展。由于新闻内容拥有群众基础，所以发布的内容更符合大众的价值观，也能引起更多共鸣，同时与社会的舆论导向保持一致。而传统媒体对重要新闻无法做到立即发布，这就影响了其信息传播的及时性，如果传统媒体可以将网络因素融入行业发展中，那么相信自媒体对传统媒体的影响便不再是冲击，而是一种促进。

2. 传播对象

互联网技术的发展使越来越多的人进入了网络时代，网络时代大背景下，传统媒体受到的影响和挑战空前，其中最重要的影响因素便是传播对象和传播者在新闻传播过程中所扮演的角色。而且在新闻内容的选择上，传统媒体信息传播对象范围较窄。而新媒体由于具有群众传播属性，能够受到更多用户的关注。在新媒体传播过程中，用户可以充当传播人，可以对新闻信息进行二次传播甚至多次传播，这种传播模式将“传播人”和“受者”结合，打破了传统媒体中传播者与受者之间的距离，新闻传播者不再神秘，新闻的传播范围也更加广泛，随之而来的便是自媒体得到的认可度越来越高，而传统媒体的新闻在自媒体中大都可以呈现。

（三）对自媒体与传统媒体的深思

1. 将新技术植入到新闻传播中

创新新闻传播方法尤为重要，虽然自媒体在新闻传播方面的技术已经取得一定的效果，但我们必须认识到传统媒体对新技术的引入本身就是一种创新。覆盖度广，运用时效性强的网络和无线传播是一种顺应时代的传播方式，采用这种方式，对新闻进行大规模传播可以提升传统媒体的影响力。并且，长久以来传统媒体在新闻传播中的地位，有助于新技术植入，并促进本身发展。当前，微信、微博等软件被人们普遍使用，尤其是微信的用户数量急剧增加。微信中的新闻推送可以收获大量读者，在自媒体冲击情况下，运用新的社交软件可以更好地提升传统媒体的影响力。

2. 培养和引进具有新媒体素养的专业新闻传播人才

自媒体传播中，对于内容的规范性要求相对宽松，这样的便利条件固然带动了自媒体发展，但由于自媒体的传播手段较多、传播范围极广，相关监管工作量也大大增加。传统媒体的系统化便于监管，因此传统媒体在新技术应用中可以得到更多权威部门的支持。培养和引进具有专业素养的新闻传播人才可以在一定程度上满足传统媒体的发展需求。而且，人才储备是企业良好发展的关键，大量的人才可以增强传统媒体的实力。在自媒体方面，一些自媒体发展速度过快，人才缺乏且无法得到及时填充，掣肘了自媒体的长久发展，容易昙花一现。在人才方面，传统媒体可以和自媒体相互合作，互利共赢。在提高新闻传播质量的同时，更好地为用户负责。

总而言之，尽管自媒体在当前的新闻传播中展现出极大的优势，并对传统媒体形成了一定的冲击和影响，但自媒体传播过程中也出现了大量弊病。面对自媒体带来的挑战，传统媒体如果能够及时改善本身传播方式并开创新的传播方式，那么它在新闻传播中的地位将依然稳固。随着技术的越发完善，相关新闻工作人员可以将自媒体和传统媒体进行融合，推动新闻传播工作走向前所未有的辉煌局面。

第三节　融媒体及数字技术与新闻传播

一、融媒体与新闻传播

随着科技发展的日新月异，传统媒体面临很大的挑战，一些新的技术手段的应用改变了媒体的传播方式和传播手段，新媒体不断涌现，媒体之间快速融合，人们获取信息的方式更加多元化，这对传媒从业者提出了新的挑战。

（一）融媒体：科技革命的必然趋势

信息技术、互联网的发展使许多行业发生革命性的变化，媒体就是其中之一。在移动互联网快速发展和国外媒体数字化转型加速的背景下，我国媒体融合发展已是大势所趋，大数据、云计算等技术运用到了全媒体采编平台构建之中，移动直播、H5 应用等技术在采编制作环节可以采用，机器人写稿、无人机采集、虚拟现实等技术从无到有，实现了突破。目前，无论从国家层面的战略部署、宏观政策，还是从各新闻单位的现实需要和发展实际，以及受者信息获取与沟通交流需求，都预示着我国融媒体发展时代已经来临，且融合进程在不断深入推进。关于媒体融合，学界的共识是它包括了体制、技术、管理、新闻生产等多方面的融合，其中最基本的融合当属新闻生产，因为在新的媒介生态下，新闻生产的社会环境、职业环境发生了巨大变化，为了顺应这种变化，媒体新闻生产的方式方法、技术手段、传播途径，以及最重要的从业人员的综合素质能力都会有一个较大的融合转型。现在，我们经常会看到许多媒体记者出现在公众视野的时候，同时具有某某报社、某某电视、某某网等多种头衔，他们的新闻稿件也会在他们所在的各类媒体同时刊播。从国家级、省级到市级等各类媒体，也都加快了新媒体建设的步伐，音频、视频、图文、图片等媒体矩阵构成了强大的传播阵势。这样的传播方式和传播手段前所未有，转型速度也前所未有。

（二）融媒体传播：颠覆性的改变

媒体融合发展首先带来的变化就是媒体的边界模糊性。传统报纸、广播、电视行业的边界逐步模糊，融为一体。互联网媒体日新月异，蓬勃而生，并迅速吸纳了报纸、广播、电视、杂志等传统媒体的传播手段，成为新媒体。每一种类的媒体都具有不同的优势，会在不同的场合、不同的时间，运用不同的传播媒介进行传播。报纸的轻便简洁、广播的互动性、电视的直观性，都是新媒体不能取代的，传统媒体的变革并不是被取代，而是要不断适应受者需求，发挥各自优势，实现转型融合。

媒体融合促进了信息的多渠道传播，提高了媒体的综合传播能力。如某日报社通过近年来的媒体融合发展，已经从传统单一的纸质媒介，逐步发展形成了具有报纸、刊物、网站、微博、微信、电子阅报栏、户外大屏幕等多种传播手段的融媒体矩阵，可以同步进行纸质媒体、网络媒体、移动媒体、户外媒体和多语种传播，形成了“一次采集，多次生成，多元发布”的融媒体生产格局。该广播电视台逐步探索创新媒体融合方式，开设了众多公众号等网络媒体和手机媒体，采用高清航拍、模拟演播室、大数据、视觉包装、微场景制作等多种技术手段，使新闻传播从内容到形式都实现了质的突破和飞跃，视觉角度更为开阔，内容更加直观，新闻传播力和影响力进一步提升。同时，通过手机微信，新闻转发致使传播速度更快、更便捷，公众参与性也明显增强。

新的传播形式持续演变，融媒时代对新闻从业者的要求也趋向多元化、个性化、高标准。传统媒体从业者分门别类的技能已经不能适应新媒体的要求，作为一个新闻事件的采访者和传播者，要提供文字、视频、音频、图片等多种素材，熟练使用电脑、画面编辑机、视音频制作设备，甚至掌握简单的制作和处理技术，都是今后对新媒体记者的基本技能要求。视音频传播，不仅要求记者提高各项采制技能，同时也需要提高出镜能力。而主持人需要培养本身的职业素养，做专家型的主播，才能适应当前融媒体新闻发展的需要，满足观众的需求。

（三）融媒时代策划的重要性

在媒体融合的时代加强策划是适应目前媒体竞争的需求，网络的出现和迅速发展也为传统的新闻传播带来了很大挑战和冲击，尤其是一些新闻领域日益趋向白热化的竞争更是带动了新闻媒体和传播方式的改变。现如今新闻策划已被很多人关注，需要挖掘出新闻资源和内容的最大价值。

加强策划是一个媒体塑造精品、实施品牌战略、赢得本身良性发展的必然需求。随着竞争环境的日趋激烈，必须树立本身的品牌意识，讲求品牌效益，因此就需要从策划开始，打造出精品。

新闻策划更是关系着新闻的采编与实践，随着新闻领域之间的竞争逐渐加剧，新闻策划所投入的人力和物力都会在新闻报道中展示出来，因此媒介工作人员开展新闻策划，必须符合时代的发展，掌握大量的社会需求，才能进行很好的策划。这同时也可以让记者和编辑在工作中得到锻炼，提升新闻报道的质量和水平。

（四）电视新闻传播策划的方式

1. 电视新闻报道策划要注重内容

在一个新闻传播节目当中，只有内容新颖，才会引起更多观众的喜欢，内容对于一个电视新闻节目是制胜的重要途径。新闻报道首先要进行新闻策划，策划时要选择一些比较好的方式来对新闻的主题进行深入解读，题材选择上一定要注意选择比较新颖的观点，能够在第一时间吸引观众的眼球。除此之外就是要更加贴近受众所关注的一些民生问题，挑选的新闻事例也要具有很强的代表性。其次就是根据策划方案将策划前期的准备工作做妥当，最后就是根据新闻节目报道形式和角度制订最合适的新闻策划方案，制订方案时也要多准备几个，方便后期的修改和调动。在一次次的策划中吸取教训和总结经验，不断促进电视新闻节目的转型。

2. 电视新闻节目的宣传片要进行形式创新

电视新闻内容虽然能够吸引人，但如果有一个好看的宣传片就能够使电视新闻节目更加美观，吸引更多观众的目光，最后产生较好的社会效益和经济效益。除此之外，电视新闻节目本身还要拥有鲜明的主题、适宜的字幕等。在对电视新闻节目进行形式创新的过程中应当注意形式要与内容相符，可以根据电视新闻节目播放的特色和内容来确定宣传片。

对于电视新闻节目的宣传片进行包装，最重要的就是要对形式进行创新、声音进行创新、画面要有冲击感、文案素材要连贯具有思想。在形式的创新方式上，要不断强化内容的视觉形象，给广大观众留下深刻的印象。声音的创新要结合宣传的对象，融入恰当的音乐。画面的创新需要将视觉冲击和文化底蕴相结合，要富有节目的文化特色以及地域特色。文案是整个宣传片的灵魂，因此需要具有说服力、全面和精辟等特点。可以将宣传片的基调与情绪紧密结合，将故事作为出发点进行选取，进而感染观众。

3. 电视新闻节目适当地选择一些特技

特技属于一种丰富影视艺术作品的常见手段，运用特技的目的是使电视新闻节目的画面具有更强的解说性，能够让观众对电视节目有一个更具体和形象的理解。在电视新闻节目中适当运用一些特技，然后配合主持人的讲解，就能够全面并且真切地还原新闻节目的现场过程，一些比较形象的画面还能够使观众过目不忘。

特技可以优化电视新闻的传播效果，因此特技的添加需要具有真实性和时效性。在特技的使用过程中，一定要对新闻节目进行如实的报道，掌握分寸和尺度。可以适当地将一些数字制成波状或者柱形表格给观众留下更加直观的印象，也可以将新闻节目中出现的地理位置做成地图，以便让观众更加直观地了解。此外也可以对一些原有的画面进行放大或者放慢，做强调处理，让观众看起来一目了然。

4. 主持人要适当进行形象艺术包装

电视新闻节目的主持人形象直接决定着观众对于电视新闻媒体的直接印象，因此电视新闻的主持人不仅要具有独特的个性，还要代表电视新闻节目的一种形象。对电视新闻节目主持人的适当包装要注意主持人的言行举止，随着信息化时代的飞速发展，一个人的言行仪表很容易被大众传媒传播出去，因此良好的言行举止能够提升一个主持人的形象。

传统的新闻传播会随着互联网时代的到来在融媒时代得到进一步发展，人们对于新闻信息的获取方式也将不再局限于电视新闻，更多的用户可以使用互联网来获取信息。因此只有对传统电视新闻节目进行不断的转型和创新，才能紧跟时代发展的潮流。

二、数字技术与新闻传播

时代的发展日新月异，各类新技术也层出不穷，在新闻传播领域内也先后出现了很多不同的媒体技术。数字媒体技术的产生给新闻传播带来了很大的影响。因此，首先需要对数字媒体技术有一个更加深入的了解，才能进一步探讨数字媒体技术带来的影响。

（一）数字媒体技术与新闻传播概述

实际上，数字媒体技术的出现与社会信息科学技术的繁荣有着密切的联系。一般来说，数字媒体技术是一种新型的技术手段，它主要是利用现代发达的计算机通信技术，以及音视频、文字图片处理技术等，将内容丰富、含义抽象的各类信息变为具有可感性、交互性的信息内容。

作为一种具有强大综合能力的应用技术，数字媒体技术最终得以实现的关键技术主要有数字信息获取与处理技术、数字信息传播技术等。在现实生活中随处可以看到应用数字媒体技术的实例。例如，我们所观看的电视新闻节目、广播节目都是通过数字信号传递到千家万户的。现代生活中流行的网络直播、虚拟现实技术等也是通过数字媒体技术得以实现的。目前，在世界范围内已经形成了较为完善的数字媒体产业，不仅促进了媒体领域的发展，还推动了信息产业的进步，在一定程度上提升了信息产业的发展能力。

将数字媒体技术应用到新闻传播工作当中，实现了新闻传播工作的优化和与时俱进。在信息社会，媒体行业是随着社会的发展而不断变化与发展的。在新闻传播工作发展过程中，需要先进的技术作为支撑，而数字媒体技术刚好为新闻传播工作提供了相应的技术支撑。实际上，数字媒体技术与新闻传播有着密切联系。一方面，数字媒体技术的发展可以推动新闻传播工作的进步；另一方面，新闻传播工作的开展也为数字媒体技术的完善与创新提供了必要的实践经验。

（二）数字技术影响下的新闻业态

正所谓技术是把双刃剑。一方面，数字技术在新闻传播中的广泛应用使得专业媒体的传播更便捷、内容更多元，更容易找到媒介融合的突破口；但另一方面也让专业媒体面临更严厉的舆论监督和来自自媒体的新考验。

1. 传播更高效

微博、微信随时随地实时更新的特性尤其符合新闻报道“快”的第一要义。尤其是在应对各种突发新闻中，微信、微博占据着得天独厚的优势。新闻工作者可以第一时间在事故现场通过手机进行照片拍摄和简单的文字编辑，然后将消息发布出去。微博短小精悍的特性有利于新闻事件的系列跟进，随时更新事件动态。微信的新闻传播主要在公众号内进行传播，虽然篇幅不如微博精简，但也恰巧弥补了微博不适于做深度评论的缺点。

2. 内容多样性与个性化兼具

除了传播效率更高，传播内容的多样性也更丰富。一是新闻内容的关联性。微信和客户端的同类新闻推荐就是数字技术基于大数据实现的。二是我国的新闻客户端遍地开花，每个客户端都有自己的定位和侧重点，例如，腾讯新闻的客户端整合了多种媒体的信息资源，通过关键词搜索就能快速找到不同媒体报道的同样主题的新闻。由此，不管是从新闻的内容，还是从新闻的来源来看，受者的选择是更多了。同样地，受到数字技术影响，多样性的新闻传播也更加人性化，数字技术通过记录用户日常在新闻客户端的浏览信息的轨迹，以此形成大数据，进而根据用户的需求进行个性化的调整，最终让每个受众享有自己定制的新闻内容，这种进步是传统的新闻传播形式无法做到的。

3. 舆论监督更透明

传统媒体由上而下的垂直传播特点在一定程度上使得大众参与感不强，当微博和微信以社交媒体的姿态出现时，无疑为公众提供了前所未有的广阔的话语空间。它们比传统的沟通工具更人性化，促进了人际互动的行为和效率。媒体微博每次发声，公众都能即刻回应，这种反馈的现时性对于新闻传播过程的意义是重大的。一方面它可以检验新闻的传播效果，另一方面它可以根据反馈的内容对后续的新闻传播行为进行调整和规划。这意味着公众议程的分量也会越来越值得关注。

除了简单的点对点发表评论以外，如今数字技术还能实现用户参与媒体组织的专题讨论、投票和调查等社会性活动，每个公民都能通过自己所拥有的数字工具进行舆论监督，新闻舆论监督的功能就在这些传播活动中得到进一步的强化。

4. 来自自媒体的影响

数字技术一方面能为专业媒体的新闻生产和传播带来新的推动力，另一方面也在无形之中创造了阻力。在数字技术创造的微博和微信平台上，人人都拥有平等发声的权利，每个个体只要愿意，都是传播者。很多组织机构如今都有自己的微信、微博平台，它们在上面发布信息、与受者互动，甚至把自己的微博、微信运营成其具有权威性的官方信息渠道。当受者想要了解与之有关的消息，首先想到的不再是媒体，而是直接到其官方平台去寻找。这就意味着专业媒体不再拥有新闻生产和传播的绝对权力，自媒体使得专业媒体逐渐丧失新闻来源的优势，这已引起了媒体行业的重视。

“两微一端”、H5 技术，还有网络直播等数字媒体技术的出现让信息传播更加便利和有趣，它们所具备的互动性、普泛性和自主性这些优势已经在逐渐改变大众的人际交往模式、认知模式、机制建设等。对于新闻传播来说，数字技术使得新闻编辑生产模式出现了新的业态，因此专业媒体在未来的新闻发展中，将面临如何才能利用好技术既实现与自媒体和谐共存，又能有效整合内部资源的挑战性问题。

第四节　微博及现代文学与新闻传播

一、微博与新闻传播

（一）微博对于新闻传播的重要意义

微博似乎是在一夜之间便风靡全国、家喻户晓，微博其实质代表的是即时信息流，也是对微型博客的一种简称，是新兴的一类开放互联网社交服务，简短精悍、开放实时是微博的一大特点。微博主要具有以下几个方面的功能：

第一，具有一定的针对性。对某个话题、某篇新闻进行讨论，邀请朋友一起各抒己见参与话题讨论，没有最终的对与错、是与非。

第二，用户可以针对某个特定的“关键词”进行查找，微博利用这个特点传递给大众更快、更便捷的话题，去了解比较感兴趣的朋友或明星或在意的人的微博动态。

第三，用户不仅可以看，也可以转发微博，如果是自创的微博更加没有问题，用户可以随时随地将自己所想、所听、所看、所感悟的事情，制作成一张图片、一小段文字，或者一段小视频发布，与大家分享。在新闻传播领域，微博的这种形态的影响力和传播速度与传统媒体相比具有很强的优势，甚至论坛、博客等网络媒体也不具备它的优点，这对传统的媒体形态造成了一定的冲击，使后者产生了一定的危机感。任何事物都有相对性，有利也有弊，微博的信息也给受众和微博网站带来一些问题，比如，某些信息的真实性是否可靠？是否安全？这都是一些存在和需要解决的问题。但微博这种在信息传播和信息整合方面的独特优势，在对传统媒体造成了很大冲击的同时，也加速了信息的传播，增强了新闻的可读性，扩大了信息来源，已经成为新闻传播中一个新的重要传播媒介，对新闻行业的发展有举足轻重的影响。

（二）微博新闻特点分析

1. 多元化的传播主体

微博与其他论坛、博客等需要掌握的技术应用能力相比，其使用门槛较低，只需要登录网页，或直接使用移动终端设备，便可以随时更新自己的微博。不分年龄、人群、学历、地域、性别、社会地位等，只要能上网人人随时随地都可以发言、转发和评论自己的所见所闻所感。

2. 精简化的新闻信息

由于微博的文本限定一定字数，一般不能超过 140 字，这就使得用户必须精简自己的语言来表达自己所要表述的东西，另外再配合图片或者视频等，常常是一两句话概括叙述一件事或评论一个热点话题。这些多样化的内容组合，让受者以更高效的模式接收微博的新闻信息。

3. 传播渠道的即时性

微博即时滚动更新的方式符合传统的连续性新闻报道的形式特点，用户可以利用微博随时随地发布自己在现实生活中遇到的各种突发事件，其传播渠道的便捷让越来越多的人进入了永无休止的“新闻发布”中，比如，滚动播发现场新闻的方式，正是目前国内外一些传统媒体微博常用的手段。

4. 传播的互动效果有增无减

拥有较多粉丝群的微博用户既可以是面向广大网民的大众传播，又可以是使用“某某”的方式实现点对点的人际传播，在发布一条新闻消息后，看到的人群有的立即进行评论，有的则进行转发，不论是采取哪一种形式都是对信息的一种关注和共鸣，这种行为也间接地表达了自己本身的一种见解和立场。总之微博新闻超越论坛、博客等，以其融合了各种网络交流工具的优势和特点，已经成为目前最热门的一种网络新闻传播方式。

（三）新时期微博新闻完善性策略

1. 发挥新闻自律组织功能

目前，各大门户网站为了澄清微博中流传广泛的谣言，纷纷开通了官方辟谣微博。其中影响最大的是新浪官方的微博辟谣以及民间的辟谣联盟。其中，微博辟谣是用户在登录微博时，会有通知栏发布信息，微博辟谣的部分内容会出现在通知当中，阻止无效时其官方特性有权采用注销账号或者停用一段时间对发布谣言的主要用户进行处罚。而一些辟谣联盟则是由律师、记者、大学教授、作家等自发组成的民间打假组织。

2. 意见领袖引导公众关注公共事务

微博不仅是传播信息的渠道，微博上的意见领袖多为精英人士和专业的新闻工作者，粉丝众多，有强大的话语权和影响力，更是社会利益的维护者和公众安全的保护者。他们对社会现实、重大事件发表意见，在公众的公共利益受到损害时，第一时间站出来为民说话，可以在一定程度上影响舆论导向。

总而言之，微博已然成为现阶段我国新闻传播的一种重要形式，然而新生事物都有其不健全的一面。自微博新闻兴起后所引发的微博暴力等事件层出不穷，因此在这个全民微博化的时代，这个自媒体的时代，如何提升国民素质，持续营造清朗的网络空间成为我们要面对的课题。

二、现代文学与新闻传播

新闻传播和现代文学是高校两个相互独立的学科，其学科定义和发展历史都有着各自的特点，但是由于它们在表达信息时都用到了文字这一工具，因此两门学科之间不可避免地产生联系，这种联系随着时代的发展愈发密切。这里通过对新闻与文学特点的分析，来阐述新闻与现代文学相互融合的可行性，并明确了新闻传播与现代文学融合的意义以及新闻传播与现代文学在未来融合过程中需要注意的问题。

新闻传播是指通过对新近发生事件的报道，向受者展示事件发生、发展情况的一种传递信息的手段，其最本质的特点是客观性、真实性和时效性；文学是文化的重要表现形式，它是指作者以文字为工具，通过一定的文学体裁，运用一定的表现手法，形象化地表达事件发展情况及人类内心情感的一种艺术形式，其最大的特点在于主观性、形象性和艺术性。随着时代的发展，新闻传播和文学这两个看似格格不入的学科相互影响、相互渗透，甚至出现了新闻文学化这一新的发展趋势。

（一）新闻传播与现代文学的特点

从历史的发展脉络来看，新闻与文学密不可分，甚至可以说我国近代新闻的某些特点根植于近代文学。所以，由于历史和表现媒介的原因，新闻传播与现代文学之间必然存在一定的共性。但是我们也应该看到，随着时代的变迁，新闻传播逐渐脱离现代文学的发展框架，独立成一种具有鲜明学科特点的文学形式。

新闻传播的主要手段是新闻报道，而新闻报道作为一种特殊的文字表达形式，具有真实性、时效性、重要性等特点。真实性是指新闻事件必须是确实存在的客观事实；时效性是指新闻对事件的报道要及时、新鲜，所谓“第一时间报道”指的就是新闻报道要及时迅速；重要性是指新闻报道要有选择性，不能眉毛胡子一把抓，新闻的视角应该指向受者最关心的事件。

（二）新闻传播与现代文学融合的可行性

新闻传播作为一门综合性极强的学科，与其他学科之间必然存在着千丝万缕的联系，现代文学自然也不例外。认识源于实践，在新闻传播与现代文学相互融合的理论产生之前，两者之间融合的实践就已经在新闻传播领域展开了，而这种实践活动自然也就成了新闻传播与现代文学融合可行性研究的依据。

1. 新闻传播与现代文学在起源上具有一致性

新闻传播在中国的发展源远流长，古代的烽火传信、近代的邸报等都属于新闻传播的范畴。但是从本质上而言，这些新闻传播的思想与现代新闻传播的理论构架相去甚远。我国现代新闻传播与现代文学都是在半殖民地半封建社会这个大的时代背景之下产生的，由于时代的特殊性，许多文人自觉担负起新闻人的角色，开始办报宣传，因此他们在新闻报道中不可避免地融入文学创作的表现手法，甚至利用了现代文学的体裁，也正是由于二者在起源上的一致性，使得新闻传播与现代文学的融合成为可能。

2. 新闻传播与现代文学在发展过程中相互影响

随着时代的发展，人们在对新闻的需求量不断增大的同时，对其质量的要求也越来越高。新闻传播在发展过程中虽然逐渐脱离了文人充当新闻人的局面，但是现代文学在发展过程中对新闻传播的影响还是不可忽视的，典型的例子就是报告文学的兴起与发展。

3. 新闻传播与现代文学在表现手法上相互借鉴

新闻传播与现代文学虽然特点各异，但是不可否认，两者之间在表现手法上有很大的借鉴空间。新闻报道中如果只过分强调报道的客观性而忽视其文学性，会使新闻陷入直白浅薄的误区，也会影响受者对新闻的接受程度。因此，一个优秀的新闻人在撰写新闻报道时必然会从现代文学中汲取养分，灵活地运用现代文学的表现手法，这样才会既保证了新闻的真实性也兼顾了新闻的可读性，使新闻传播真正做到传递信息、启迪民智。

（三）新闻传播与现代文学融合的意义

1. 提高了新闻传播的表现力

新闻传播与现代文学融合的主要方式就是在新闻报道中运用现代文学形象生动的叙事手法，打破传统新闻报道刻板单调的模式，以提高新闻的表现力，达到吸引读者的目的。在新闻传播与现代文学的融合过程中，撰稿人可以运用细节描写的手法烘托新闻发生的环境氛围，使读者对新闻产生情感共鸣。运用散文的手法设立新闻标题，标题是新闻的眼睛，要想使新闻标题在第一时间吸引读者眼球，可以采用散文的手法对标题进行加工美化，使其富于一定的艺术美感和文学美感。运用议论文的手法，其逻辑严密，叙事性强的特点与新闻报道的需求不谋而合，因此撰稿人在新闻报道中运用一定的议论文手法，有利于加深新闻报道的思想深度，实现舆论导向的功能。

2. 丰富了现代文学的内容

新闻传播可以在现代文学中得到进一步的发展，现代文学也可以在新闻传播中得到启发。新闻的客观性要求其真实，而现代文学作品在取材上可以借鉴新闻报道的手法，从实际出发，从事件的真实性出发，这样的文学作品更有针对性，避免文学内容和文学思想的枯竭。新闻报道的时效性要求其内容要反映典型的时代特征，反映民众迫切的需求，而现代文学在创作文学形象的时候也要扎根于时代的土壤之中，只有这样，文学作品才能够获得读者的认可。

（四）在新闻传播与现代文学融合过程中需要注意的问题

1. 把新闻传播的客观性放在首位

新闻传播自出现以来有许多变化，但都只是内容和形式的改变，新闻的本质没有也不应该发生变化，所以在新闻传播与现代文学融合的过程中，要始终把新闻报道的客观性和真实性放在首位，在新闻报道中运用文学手法绝不意味着添油加醋或者无中生有，而是应该以客观事实为依据，进行必要的文学创作，使报道具有一定的审美价值，否则，新闻便失去了根本。

2. 注重融合方式的灵活性

新闻报道可以从现代文学叙事手段、描写方法、文学体裁等多方面入手，可以根据其内容的特点，具体问题具体分析，灵活地选取与现代文学的融合方式，切勿照搬照抄。

综上，新闻传播与当代文学之间相互渗透、互为借鉴已经成为新闻传播与文学这两个学科发展的一大趋势。新闻传播从现代文学中汲取细节描写的养分，不但会增强新闻报道的可读性，也使其更加真实可信，但是新闻人在新闻传播与现代文学融合的过程中必须要坚守新闻的客观性，杜绝为追求新闻的文学性而出现新闻失真的情况，也只有坚持了新闻真实客观这一条基本的底线，才能实现新闻传播与现代文学的更好融合。

参考文献

［1］耿思嘉，高徽，程沛. 新闻传播与广告创意［M］. 长春：吉林人民出版社，2019.

［2］童兵. 中国新闻传播学研究最新报告 2018［M］. 上海：复旦大学出版社，2018.

［3］陈峻俊. 现代媒介与民族新闻传播［M］. 武汉：湖北人民出版社，2019.

［4］丁光梅. 挑战与机遇：新闻传播业发展与创新研究［M］. 北京：知识产权出版社，2018.

［5］陆绍阳. 中国新闻传播学四十年［M］. 北京：商务印书馆，2019.

［6］万忆，刘硕良，林杰谋. 广西新闻传播事业史［M］. 杭州：浙江工商大学出版社，2019.

［7］孙祥飞. 新闻传播学热点专题［M］. 北京：人民日报出版社，2019.

［8］蔡睿智. 近代新闻传播实务研究［M］. 北京：人民日报出版社，2019.

［9］朱首清. 新闻传播前沿 20 讲［M］. 北京：新华出版社，2019.

［10］施建平，曹然. 五代出版与新闻传播研究［M］. 苏州：苏州大学出版社，2019.

［11］隋岩，哈艳秋. 新闻传播学前沿［M］. 北京：中国国际广播出版社，2020.

［12］杨溢，陈雁，丁豫峰. 新闻传播与营销策划［M］. 长春：吉林人民出版社，2020.

［13］李轶，王慧，徐鹏. 媒介融合趋势下的新闻传播及其变革研究［M］. 北京：中国商业出版社，2018.

［14］高晓虹，刘宏，赵淑萍. 中国新闻传播研究：媒体融合与传播［M］. 北京：中国传媒大学出版社，2020.

［15］强月新. 新闻与传播评论 2017 春夏卷［M］. 北京：中国传媒大学出版社，2017.

［16］李彦冰，周春霞. 新闻传播专业思政的理论与实践［M］. 北京：知识产权出版社，2020.

［17］李良荣. 新闻学概论［M］. 6 版. 上海：复旦大学出版社，2018.

［18］郭琪. 融媒体语境下的新闻传播理论探索［M］. 长春：吉林出版集团股份有限公司，2020.

[19] 孙祥飞. 新闻传播学热点专题：知识图谱（2021）[M]. 北京：人民日报出版社，2020.

[20] 汪明香，张雪燕，郑雨雯. 数字视频拍摄与编辑 [M]. 武汉：武汉大学出版社，2020.

[21] 沈正赋. 对话新闻：新闻采写理论与实践 [M]. 芜湖：安徽师范大学出版社，2018.